心理カウンセラー
（発達障害・カサンドラ症候群専門）
神田裕子

職場の「困った人」をうまく動かす心理術

三笠書房

はじめに

あなたは今の職場で、楽しく充実した仕事をしていますか？

信頼し、尊敬できる上司や同僚、部下に囲まれていると実感していますか？

日々の仕事の中でストレスを感じ、苦しんではいないでしょうか？


私は、40年近くのキャリアを持つ心理カウンセラーです。ここ数年は顧問カウンセラーとして、企業内でのカウンセリング業務にも携わってきました。

開業カウンセラーをしていたときは、相談を受けるクライアントの8割が女性でしたが、企業に所属してからは男性からの相談も多く受けるようになりました。

性別・年齢を問わず、さまざまな人の相談を受ける中で気づいたことがあります。

組織の中では「能力がある人」「仕事を断らない人」「責任感が強い人」に業務が集中しがちであるという事実です。

能力があり、仕事を断らず、強い責任感を持つ人たちは、周りを気づかうことができ、チームに貢献する意識を持つ「デキる人」「いい人」です。

仕事がデキる「いい人」であるからこそ、たくさんの仕事を任されているわけです。

あなたも、そんな「デキる人」や「いい人」のひとりかもしれませんね。


その一方で、職場には自分の仕事を押しつけたり、無茶なことを言ったり、一方的に攻撃したりする困った人たち（本書では「困ったさん」と総称します）がいます。そのせいで、「デキる人」や「いい人」の多くが苦しみ、傷ついています。

職場の困ったさんは、「デキる人」や「いい人」がつらい思いをしている間も、カフェでのんびりお茶をしたり、休日の旅行を満喫したりしています。

なんという不条理でしょうか。

私も長く社会で生きてきたので、組織の中に不条理があるのは理解しているつもりです。それでも、**職場の「デキる人」や「いい人」が一方的に悩み苦しむのは、あまりに不公平**ではないでしょうか？

そう感じたことが、本書を書くことになった大きなきっかけです。

「どうして、私だけが損な役回りを引き受けなくてはいけないの？」

そんな悩みを抱えるあなたのために、どう考え、どう対処すればよいのかを伝えるのが、この本の目的です。

そもそも「デキる人」や「いい人」を苦しめ、モチベーションを下げる困ったさんとはどのような人を指すのでしょうか。

私は職場によくいる困ったさんを、次の6つのタイプに分けました。

タイプ①→こだわり強めの過集中さん
タイプ②→天真爛漫《てんしんらんまん》なひらめきダッシュさん
タイプ③→愛情不足のかまってさん
タイプ④→心に傷を抱えた敏感さん
タイプ⑤→変化に対応できない価値観迷子さん
タイプ⑥→頑張りすぎて心が疲れたおやすみさん

それぞれの困ったさんは、自分の言動を悪いとか、相手に迷惑をかけているとは思っていません。中には意図的に他人を攻撃する人もいますが、ほとんどの場合、自覚がないまま周りの人たちを困らせています。

あなたがすべきことは、そんな困ったさんに反撃することではありません。まずは**職場にいる困ったさんをじっくり観察して、その人が「なぜ、そうするのか？」を知る**ことが大事です。

相手のタイプや行動の傾向がわかれば、**対応のマニュアルや取扱説明書（トリセツ）を作成する**ことができます。マニュアルやトリセツを活用して、あなたを苦しめる困ったさんから身を守りましょう。

本書の中でもお話ししますが、人を変えることはできません。

困ったさんに「もっとこうしてくれたらいいのに」「心を入れ替えてくれないかな」などと期待しても無駄です。それよりも、**自分の行動や言葉のかけ方を変える**ことこそが解決策になるのです。

あなたのストレス値がマックスになる前に、困ったさんと戦わずして勝つためのテクニックを身につけましょう。

あらゆる悩みの中で、人間関係に関する悩みは、すべての人が抱えていると言っても過言ではないくらい、大きな問題です。

ただ、**悩みの9割は自分自身がつくり出している**ともいわれます。それなら、悩みを自分の手によって解決していくことはいくらでもできるはずです。

本書でお話しするテクニックを活用し、あなたが楽しく充実した人生を歩むことを願ってやみません。

CONTENTS

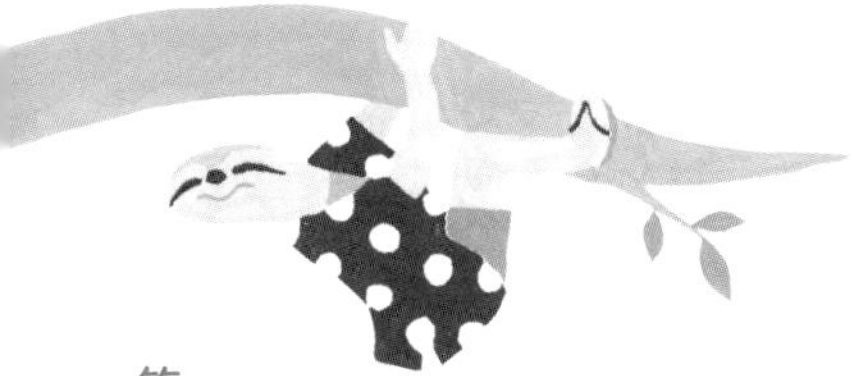

Type

第2章

事例でわかる！モヤモヤ「困ったさん」のスッキリ対処法

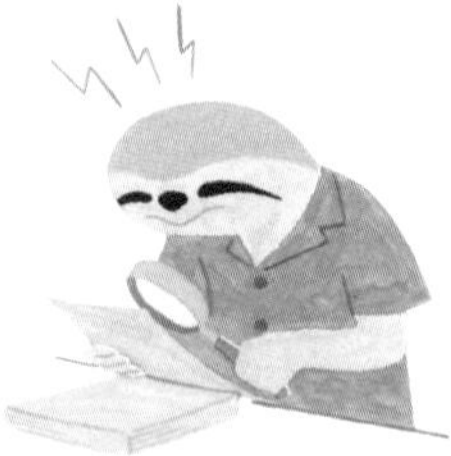

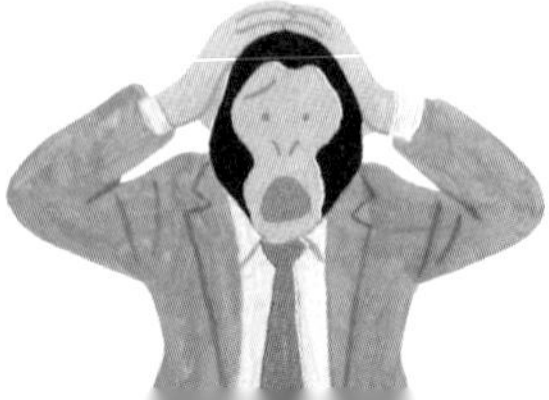

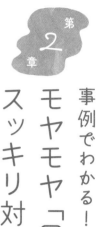

第3章 「困ったさん」をうまく動かす！ シーン別の声かけ心理作戦

Scene

終章

「困ったさん」に振り回されない！
自分の感情との上手な付き合い方

企画プロデュース 金本智恵（サロン・ド・レゾン）
編集協力 渡辺稔大
本文イラスト 芦野公平
本文デザイン・DTP・図版作製 佐藤純、伊延あづさ（アスラン編集スタジオ）
図版イラスト（第3章） 吉村堂（アスラン編集スタジオ）

第1章

あなたの
イライラ・モヤモヤは
どこから来るの？

Real Story 1

新入社員に振り回される！

Aさん（入社12年目・30代）は、今年の春に入社した新人Bさんに困っています。Bさんは、**勤務時間中にもかかわらずスマホでSNSをチェックしたり、ゲームをしたり**しています。注意をすると急に機嫌が悪くなり、「**自分の担当している業務は予定通り進んでいますよ。少しの休憩も許されないんですか？**」と、ケンカ腰。

しばらくしてほかの社員から、Bさんが会社の備品を持ち出しているようだ、との報告がありました。そういえば、近ごろ文房具やファイル類が早くなくなると思っていました。そのままにしておくわけにもいかないので、その件を上司である課長に伝え、事実確認と指導をしてもらうことにしました。

後日、課長から「Bさんに確認してみたが、『そんなに僕を信じられないですか？まるで犯罪者扱いじゃないですか！　そういうことなら、会社を辞めます！』と逆切れされたよ……」と言われました。

Aさんは、会社でBさんと顔を合わせるのがつらくなってきました。

Real Story 2

こちらのペースなんておかまいなし!

Cさん(課長補佐・40代)は、何か思いつくと、すぐにほかの社員を呼びつけます。相手が別の業務に集中していてもおかまいなし。**たびたび呼びつけては、今思いついた仕事を最優先で取りかからせようとする**ので、部署のメンバーはみな、仕事の段取りが狂ってしまいます。

Dさん(入社6年目・20代)は、もともと人から頼まれると嫌とは言えないところがあります。Cさんから言いつけられた業務の中には「**これって、本当に急ぎの仕事なのかな?**」「**そもそも、私がやるべき仕事だろうか?**」と思うものもあるのですが、断ることができません。おかげで、Cさんが異動してきてから、**業務が大幅に滞る**ようになってしまいました。

Cさんは、Dさんがどんなに忙しそうにしていても、自分が頼んだ仕事を「早くやって!」と急《せ》かします。今日も「お先に!」と定時に退社するCさんの背中に、Dさんは「もう、勘弁してよ……」とつぶやいています。

Real Story 3

反応しない「無気力型」に困った！

Eさん（エンジニア・40代）は、入社2年目の部下であるFさんへの対応に苦慮しています。Fさんは、**何を尋ねても「はい」「いいえ」**しか答えません。ちょっと突っ込んで「どうして『はい』と返事したの？　君はどう考えているの？」と質問しても、「はあ……」と言ったきり沈黙が続きます。

業務自体は黙々とこなしており、**誠実な印象はありますが、自発的にコミュニケーションを取ろうとはしません。**社内イベントにもほとんど参加しないので、職場では浮いた存在になっています。

特に困るのが、報告・連絡・相談がないため、Fさんの仕事の進捗状況を把握できないということです。ある日、Fさんの担当顧客からの連絡で、Fさんのミスが発覚しました。とうとう堪忍袋の緒が切れたEさんは、「いったい君は何を考えているんだ!?」「報告くらい、ちゃんとしなさい！」と、Fさんを叱りつけました。

次の日から、Fさんは会社に来なくなりました。

わからないから不安になる

3つの事例を読んで、あなたはどのように思われましたか？

「いるいる、こういう人！」

「あー、まさに今自分が悩んでいるのと同じような話だな」

そんな感想を持った方もいるかもしれませんね。

世の中には多種多様な「困ったさん」がいて、今日もあらゆるところで問題行動を起こしています。そして、多くの人がそんな困ったさんにどう対処したらよいのかと恐れ、途方に暮れているのではないかと思います。


では、どうしてみなさんは困ったさんのことを「怖い」と思うのでしょうか？

それは、**困ったさんのような人が、それまで身近に存在しなかったから**です。

人は、未経験の物事に恐れを抱きます。

「こんな人、今までいなかった！　どうやって接したらいいんだろう？」という戸惑いが、「私に被害が及んだらどうしよう」という恐怖心につながるのです。

そこで、私が強調したいのが「知る」ことの重要性です。

考えてみてください。相手が理由もなく自分を攻撃してくると思うからこそ、「この人、どうしてこんなにひどいことを言うの？」と怖くなるし、イライラもします。

しかし、相手の特性を知れば、「どうして？」がなくなるので、気持ちがラクになります。

「あー出た出た、いつものやつね」

「放っておけば、そのうち収まるからいいや」

と、落ち着いて受けとめることができるわけです。

あなたも、血液型をもとに性格を診断したり、動物にたとえて相性を占う動物占いを楽しんだことがあるのではないでしょうか。

それは、人間はお互いに「わからない」存在であるという〝前提〟があるからです。

そして、これらの情報だけでは決めつけられないと思いながらも占いを信じてしまうのは、「〇〇の人はこういう傾向がある」と断定してくれることで、なんとなく相手のことをわかったような気持ちになるからです。

「私はA型だから繊細なんだ」

「あの人はB型だからマイペースだ」

などと判断し、**対処方法が見えてくることから安心感につながるのです。**

占いや血液型診断が100%正しいと信じている人は少ないはずです。それでなくても、人の心は日々変化し、成長していくものです。だからこそ、変わっていく相手に興味を持ちながら、うまく付き合っていく方法を模索してほしいと思います。

ここでも、「知る」ことがあなたを手助けしてくれるでしょう。

原因別に見る「困ったさん」の6タイプ

あなたが職場で「困ったさん」と関わらなければいけないのであれば、相手のタイプを理解しておくことが肝心です。

そもそも、なぜ職場の困ったさんたちは問題行動を起こすのか。その背景には、本人の性格、過去に体験したこと、時代や社会環境が生み出したものなどさまざまな原因が隠れています。

「はじめに」で困ったさんのタイプを6つに分類しましたが、これを医学的・心理学的な観点を用いて整理すると、次のようになります。

タイプ①：こだわり強めの過集中さん↓ASD（自閉スペクトラム症）
タイプ②：天真爛漫なひらめきダッシュさん↓ADHD（注意欠如・多動症）
タイプ③：愛情不足のかまってさん↓愛着障害

タイプ④：心に傷を抱えた敏感さん→トラウマ障害（PTSD、発達性トラウマ障害）
タイプ⑤：変化に対応できない価値観迷子さん→世代ギャップ
タイプ⑥：頑張りすぎて心が疲れたおやすみさん→疾患（自律神経失調症、更年期障害、うつ、適応障害、不安障害など）

大きく分けると**①と②のタイプは生まれついた特性（脳の機能障害）**によって問題行動を起こしています。

③と④のタイプは問題行動の背景に、これまでの生育歴が大きく関わっています。そして**⑤のタイプは気質や環境等の内外部要因が複雑に影響します。そして⑥のタイプは病気が原因**で問題行動を起こしている可能性があるのです。

次ページに、あなたの職場の困ったさんが、どのタイプに該当するのかを知るための、簡単なチャート診断を用意しました。困ったさんの行動パターンを思い返しながら、各設問にＹｅｓ／Ｎｏで答えてみてください。

あなたの周りの「困ったさん」はどのタイプ？

「行間」や空気を読むのが苦手で、たまにピントがズレている

→ においや音、光に敏感または鈍感である

→ **タイプ①**
こだわり強めの過集中さん
ASD

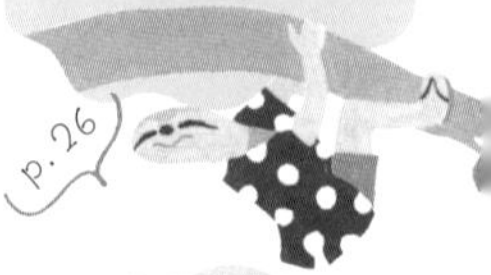

p.26

最後まで説明を聞かずに行動する

→ 感情が表情に出やすい

→ **タイプ②**
天真爛漫なひらめきダッシュさん
ADHD

p.30

昔のうらみつらみを今でも口にする

→ 家庭環境が複雑な時期があった。または依存的である

→ **タイプ③**
愛情不足のかまってさん
愛着障害

p.38

オドオドするときと横柄で自信満々な態度をとるときのギャップがある

→ なんとも言えない。または、よくわからない

↓ **タイプ④**
心に傷を抱えた敏感さん
トラウマ障害

p.42

↓ **観察不十分！**
もっと対話や観察を重ねてその人の傾向を知ろう

※本チャートは簡易的なものであり、診断結果を保証するものではありません。
厳密に診断したい場合は、お近くの医療機関の受診をおすすめします。

【簡易版】タイプ診断チャート

START

特定の物事へのこだわりが強い

Yes → ジンクスや自分なりのルーティン（決まりごと）がある →

No ↓

純粋で、どこか子どもっぽいところがある → （いかなる理由にせよ）ドタキャンや遅刻が多い →

いつも体のどこかに、不調を抱えている → お世辞が多く、どこか卑屈な印象を与える →

気分にムラがあり、いきなり怒りだすことがある → 自分の「正義」を最も大切にし、多様な価値観についていけない →

p. 50

タイプ⑥
頑張りすぎて心が疲れたおやすみさん
疾患
（うつや適応障害、不安障害など）

タイプ⑤
変化に対応できない価値観迷子さん
世代ギャップ

p. 46

Type 1

すぐにキレる！ こだわり強めの「ASD」

ここからは、それぞれのタイプについて、詳しく見ていくことにしましょう。

タイプ①の困ったさんはASD（自閉スペクトラム症）が疑われます。

このタイプは、**こだわりが強い、ルーティンを好む、融通が利かない、会話がかみ合わない、相手の感情をくみ取ることが難しい、空気を読めない**といった特性があります。


こだわりが強いので、たとえば自分が決めた段取り通りに仕事をしているときに、上司から何か用事を頼まれると急に機嫌が悪くなることがあります。

周囲の人は、少々段取りが崩れたくらいではイライラしないので「なんであの人、急に機嫌が悪くなったの？」と、理解できません。

また、「ルーティンを好む」という特性は、裏返せば**慣れ親しんだ環境を変えるこ**

とを嫌がるということでもあります。自分が気に入っている環境から動きたくないので、会社で不本意な部署異動を経験した結果、やる気がなくなったり、ひどい場合はうつ病を発症したりするおそれもあります。

ひとつのことに集中しやすく、過集中になりやすいというのも、このタイプの特徴です。会話の中で唐突に新しい話題を振られると「え、え？　なんのこと？？」と、ちょっとしたパニックになりがちです。

このタイプはテレビを見ているときに、隣で誰かが会話をしていても、会話の内容はほとんど耳に入ってきません。冗談で本人の悪口を言っても、まるで反応しないくらいです。

H課長は、なぜ突然キレたのか？

Gさんの直属上司にあたるH課長は、すぐにキレます。あるとき、GさんがH課長に話しかけた途端、急に怒鳴りだしました。それまで機嫌よさそうに仕事をしていたのに、なぜでしょうか？

Gさんには、何がきっかけで課長がキレるのか、皆目見当がつきません。それ以降、Gさんは H課長に接するとドキドキするようになりました。

ある日、課のメンバー数人で居酒屋へ行ったときに事件が起こりました。後ろの席に座っていた別グループのお客さんが帰るとき、H課長の背中にコートが触れたという理由で課長が激怒。そのお客さんにいきなりつかみかかったのです。

幸い、店員さんが間に入ってその場はどうにか収まったのですが、危うく警察沙汰になるところでした。


H課長のように、すぐにキレる人には、その人なりの特性と理由があります。

たとえば、**感覚過敏の人は他人の体が触れることを極端に嫌がります。**子どもがよくやる、背中に文字を書いてお互いに当て合うゲームなどを仕掛けると、本気で怒りだします。ほかにも、**台風が近づくと片頭痛を起こす**とか、**ちょっとした物音に過敏に反応する、においや食べものにかなりの好き嫌いがある**など、感覚過敏にもさまざまなタイプがあります。

おそらくH課長もそういった感覚過敏の持ち主であり、なおかつ感情やこだわりをコントロールしにくいタイプなのでしょう。

環境を整えることが、本人だけでなく周囲の人も守ることになる

事例に基づく対処法は本書の中で詳しくお伝えしていきますが、この場合は、**環境調整を行うこと**がひとつの解決策となります。環境調整とは、**本人の特性に合わせて環境を工夫することです**。

H課長の場合は、まずどんなことに〝過敏〟になるのか、質問してみましょう。

「間違っていたら申し訳ありませんが、H課長は感覚的に敏感なのでしょうか。たとえば触覚やにおいなどで気に障ることはありますか？　失礼していたらまずいと思って……」と、正直に尋ねます。

居酒屋〝事件〟からの推測ですが、H課長は後ろに人が立ったり、背中に何かが触れると不安になるのかもしれません。ASDタイプは視野が狭いため、見えないところで何かされるとイラッとする人が多いのです。

課長の特性が明確になれば、Gさんとしてもやってはいけないことがわかるので、緊張することが減るでしょう。

ただ怖がるのではなく、率直に尋ねることをおすすめします。

Type 2

実は能力が高い!? 自由気ままな「ADHD」

次に見ていくのは、ひとつのところにじっとしていられない、タイプ②のADHDの人たちです。

このタイプには**ケアレスミスが多い、時間・期限を守らない、ドタキャンが多い、丸投げする、コロコロ指示を変える、**などの特徴があります。

ある会社では、ADHDタイプの社員の飽きっぽさを見抜いた上司が、当該社員の部署異動を2〜3年ごとに行うことで、適度に気分転換をはかり集中力が切れないようにコントロールしたというケースがありました。

その困ったさんは、入社するまではアルバイトを転々としていたそうですが、異動を繰り返したことで、なんと同じ会社に25年間勤務することができています。

とにかくADHDタイプは、型通りや同じことの繰り返しを嫌うので、配置転換で業務を変えるのは有効な手段といえます。

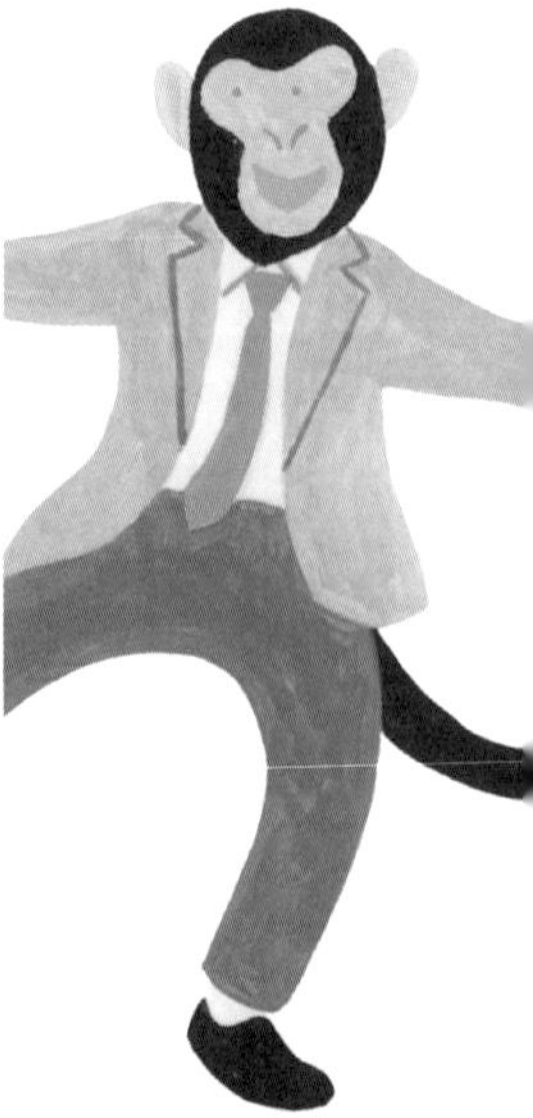

「ちょっと手がかかる子どもを育てている」気分で接する

ＡＤＨＤタイプには、**人付き合いが好きで幅広くネットワークをつくるのに長けている人**が結構います。ただ、**無責任なところもあるので、人間関係を維持するのはそれほど得意ではありません。**

たとえば、Ａさんと意気投合して仲のよい友だちになったのに、次の日にはＢさんと親密な関係になる。そんなふうに、次々と交友関係を広げていくので、結局Ａさんとは月に１回程度しか顔を合わさないということになります。

そうなるとＡさんは「あの人、私のことなんだと思っているんだろう。口では『仲のいい友だち』みたいに言うけど、その割に全然連絡が来ないよね」と不信感を募らせます。そうして、相手が次第に離れていくため、友人関係が長続きしないのです。

しかも、ＡＤＨＤタイプは**気分にムラがあり、体力のない人も多い**ので、友人との約束をその日の気分次第ですっぽかすこともしばしば。

久しぶりに友人と約束をしても、ドタキャンが続くと、相手は「え？　私、嫌われているの？」「ちょっと失礼じゃない？」となり、愛想を尽かされることになります。

ＡＤＨＤタイプの困ったさんは、よく言えば天真爛漫《てんしんらんまん》、悪く言えば浅はかな言動が多く、子どもっぽい振る舞いで周囲を困らせます。

一人前の大人と付き合っていると思うと腹が立ちますから、**「ちょっと手のかかる子どもの世話をしている」**くらいに考えて、気持ちに余裕を持ちましょう。管理業務のひとつと思って、効率よく進めるのがポイントです。

ＡＤＨＤタイプは行動がスピーディなぶん、軽はずみな言動でケアレスミスをおかしがちです。会社や組織はその時々で、業務を中断してでも仕事の進捗を確認する必要があるでしょう。

ただし、得意なことをやっている限り、能力そのものはとても優秀です。その半面、マナーに厳しく形式的なことを淡々とさせる環境や、几帳面な性格の上司の下では萎縮してしまい、十分にその能力を発揮できません。**ある程度許された広い枠の中で、自由にアイデアを出させ、創造していける環境**が最適です。

Column

最近よく聞く「発達障害」とは？

ASDタイプ、ADHDタイプをまとめて「発達障害」と呼ぶこともあります（※正しくは「LD」〈学習障害〉などを含んだ総称）。

発達障害は、**生まれつき脳機能に偏りがあるために、コミュニケーションや対人関係を苦手としたり、片づけができなかったり、物をなくしやすかったりと、生活をする上でさまざまな困難を抱える障害のこと**です。

人によっては、ASDとADHDの両方の特性を持っていて、日によって症状の出方が変わることもあります。次ページに、それぞれの特徴を簡単にまとめましたので、あなたの周囲の困ったさんの行動特性と照らし合わせてみてください。

発達障害の人への環境配慮は、企業の責務

発達障害は生まれつきの特性なので、後から変えようと思っても簡単に変えることはできません。だからこそ、**周囲の人間による配慮が必要**です。

ASDタイプの特性

1 対人関係のやり取りが苦手

言葉や視線、表情や身振りなどを使って人と相互的なやり取りを行ったり、相手の表情や言葉から気持ちを読み取ったりすることが苦手

2 同一性にこだわる

特定の物事に関心やこだわりが強く、融通を利かせたり柔軟に対応したりすることが困難

3 感覚が過敏／鈍麻《どんま》

感覚が極端に過敏、もしくは鈍い傾向がある

ADHDタイプの分類と特性

1 不注意優性型

目の前の活動に集中できない、気が散る、ケアレスミスが多い、物をなくしやすいなど

2 多動性・衝動性優性型

じっとしていられない、興味関心が移りやすい、落ち着いて作業ができない、待つことができないなど

3 混合型

不注意優勢型、多動性・衝動性優勢型の２つの特性が見られる

日本では障害者差別解消法が改正され、事業者による障害のある人への**合理的配慮の提供**が2024年4月から義務化されています。

たとえば、文字の読み書きに時間がかかり、会議の議事録を取ることができない人に対して、音声の録音を認めるというのが合理的配慮の提供例です。

職場においては、発達障害を抱える人に対して、その人に適した環境を整えることが企業の義務となっています。

個性として面白がるくらいの寛容さを

「障害」と言われると重く感じる人が多いかもしれませんが、大切なのは深刻に受けとめすぎないことです。

私は、半ば本気で「**全人類発達障害説**」を唱えています。人は、性格でも能力でも凸凹《でこぼこ》があって当たり前、それが極端に出ているものが発達障害です。つまり、**誰しも多かれ少なかれ発達障害に類する特性を持っていて、その特性に濃淡がある**というだけのことなのです。

もちろん、人を一方的に発達障害と決めつけていいということではありません。

発達障害をレッテル貼りに利用してほしいのではなく、**個性として面白がるくらいの寛容さが必要**なのではないかと思うのです。

発達障害の特性は、才能とつながっています。

「ユニークだな、この人。こんな才能あるんだ、すごい！」

「変わっているけど、面白い！」

そんなふうに、相手のいいところを見つけて接する習慣が身につけば、どんな人ともうまくやっていくことができます。

とにかく、「大変だ」と思う前にポジティブに笑いに変えるのが一番です。

迷惑をかけることに「怯《おび》え」、他人の怒りに「傷つきやすい」

ところで、注意したいのは、ASD、ADHDタイプの困ったさんは、**周りに迷惑をかけるだけではなく、自分自身も被害者になりやすい側面があることです。**

特に、ASDタイプの人は感情を表しにくいので、「顔が怖い」「冷たそうな人」と恐れられ、敬遠されることがあります。

一方、困ったさん本人は、自分が周りの人と違っている、間違いをおかしやすいということを自覚していて、いつもビクビクしています。いじめは弱い人に向けて行われる傾向がありますから、ふだんからビクビクしている困ったさんは、攻撃のターゲットになりやすいのです。


たとえば、困ったさんのミスで迷惑を被《こうむ》り、恨みの感情を抱《いだ》いた人がいたとします。

その人がその怒りを容赦なく困ったさんにぶつけたら……？

「いったい何度同じミスをしたら気が済むんだ！」

「ふざけた態度で仕事をしているんじゃない！」

そんな心ない言葉を投げつけられた結果、**困ったさんがうつ病や不安障害、精神疾患に陥るケース**も珍しくありません。

ASD、ADHDの人の中には、もともと体力がなかったり体が弱い人が多いといわれます。アトピーや胃腸障害、喘息《ぜんそく》、片頭《へんず》痛《つう》、めまいなどの持病を抱えている人も。

ですから周囲の人は、**困ったさんも傷つきやすい、**という〝事情〟を理解しておく必要があるのです。

Type 3

幼少期の生育環境に起因する、愛されベタな「愛着障害」

次は「**愛着障害**」と呼ばれる人たちです。

このタイプに多いのが、**親から愛されなかった人や、求める愛情と与えられる愛情のかたちが違っていたという人**です。

簡単に言うと、子どもの頃に心の安全基地・自分の居場所を見つけることができず、他人を信じられなくなり、頼ったり甘えたりが難しいということです。

愛着障害タイプの人には、あまのじゃくな性格である、周りに無関心・無反応である、といった傾向があります。

子ども時代に人を頼ったり、甘えたりできなかった状況の背景はさまざまです。

たとえば、夫婦のいざこざや、ステップファミリー（夫婦の一方あるいは双方が、子どもを連れて再婚したときに誕生する家族）で家族関係がこじれるケースがあります。

「自我」が心のバランスを制御する

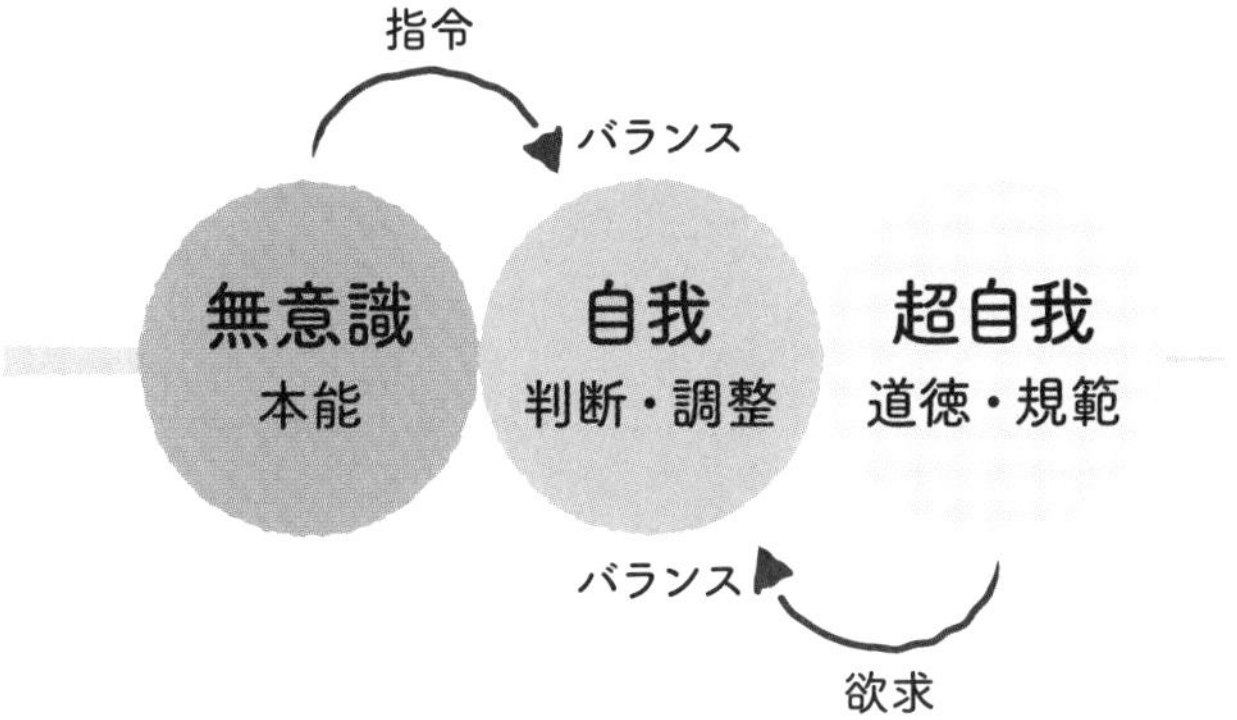

あるいは、親がきょうだいごとに育て方を変えたことで生じる問題もあります。

「自我」があるからバランスが保たれる

人の心は**「自我」と「超自我」「無意識」**の3つに分けることができます。上図のような、串にささった3つの団子を思い浮かべていただくとわかりやすいでしょう。

一番右にある**「超自我」は、親のしつけなどを通じてできあがった、自分を律する心のこと。**簡単に言うと、「こうすべきだ」「こうすべきではない」という道徳や規範の基となっているのが超自我です。

一方、一番左にある**「無意識」は多くの**

場合、本能を表しています。「便意をもよおしたのでトイレに行く」「眠くなったから寝る」など、私たちが無意識のうちに行動するとき、それは本能に従って行動しているということです。

超自我と無意識がぶつかり合うと、心には葛藤が起こり、どうしていいかわからなくなります。たとえば、「こんな仕事はとっとと辞めて、どこか遠くへ行きたい」と思う無意識に対して、超自我は「これは仕事なんだから、途中で投げ出すわけにはいかない。社会人としてちゃんと責任を果たさないと」とブレーキをかけようとする。

その葛藤の仲裁に出てくるのが、真ん中の「自我」です。自我は、**原則やそのときの状況を踏まえて、客観的で現実的な判断を下す働き**があります。

超自我と無意識の対立に対して、自我が「この状況で仕事を放棄するのは無責任だよね。ここはきっちり仕事をしよう」とか、「職場の人たちも理解してくれるから、1時間だけ抜け出してリフレッシュしよう」というように、**無意識の味方をするか、超自我の味方をするか、状況に応じて判断し調整する**のです。

愛着障害タイプは、自我が十分に形成されていないため、何かあるとすぐ混乱します。また、自己解決が難しく、依存的、閉じこもり、破壊的行動に出やすくなります。

興味を引きたい、褒められたい、認められたい、の根底にあるもの

とは言え、愛着障害タイプの人たちは、**自分の存在価値を求める気持ちが強い**ので、誰かに認められたり褒められたりすることで、徐々に心を開いていくでしょう。

ところで、このタイプの人の中には、リストカットを繰り返したり、周りの人に「これから自殺します」と宣言したりといった、問題行動を取る人がいます。大半は本当に死にたいわけではなく、感情のコントロールができないまま、**自分のことを気にかけてほしくて、そのような行動を取っています。**

しかし周囲からすれば、本気なのかそうでないのか、見分けがつかないでしょう。そして、何度も同じような騒ぎが繰り返されるうち、疲弊していきます。

つまり、このタイプの困ったさんとどっぷり関わると、**相手に翻弄《ほんろう》され、やがて関わった側が壊れてしまう**のです。

ですから、困ったさんに問題行動が見られたら、**くれぐれも自分だけで解決しようとせず、専門家に相談**することです。

Type 4

心に傷を抱えてこじらせている
被害妄想強めの「トラウマ障害」

人は何かの体験をすることによって、物事の受けとめ方が歪むことがあります。

たとえば、学生時代にいじめに遭った人がいるとしましょう。「集団」への恐怖心が植えつけられているため、その人は周りから自分がどう思われているのかをいつも気にします。そして、誰からも嫌われないようにふるまうのです。

グループの中で自分がどの位置にいるのか、感覚を鋭敏にしながら他人の様子と思惑を探る人もいます。いつか誰かに裏切られるのではないか、という漠然とした不安があり、心の底から仲間を信じることができません。その結果、言動が空回りしたり、その場の雰囲気から浮いてしまうことになるのです。

またある人は幼少期に両親が離婚し、本当は母親と暮らしたかったのに、経済的な理由により父親に引き取られます。しばらくして父親に新しい妻がやってきます。やさしい人でしたが、父親に気に入られたい自分勝手な気持ちが伝わってきて、素直に

「お母さん」と呼ぶことができませんでした。そのうちに、「自分は両親に捨てられたのだ」と思い込むようになります。自己否定感が強いことから、恋愛においても〝ダメ男〟とばかり交際します。自分のことを、ダメ男としか付き合えないようなダメな人間だと思っているからです。

このように「トラウマ障害」タイプの人は、過去に深く傷ついた体験により、物事の判断基準に偏りが生じています。思考のクセもかなり強い傾向にあります。

それにより、極端な行動や感情表現を行い、人間関係が揺らぐようなトラブルに発展するのです。

日常的に見られる特徴には、以下のようなものがあります。

- すぐに誰かと自分を比べる
- 嫉妬《しっと》をしやすい
- ブランド（家柄や学歴、過去の実績など）で他人を判断する
- 他人からされたネガティブな体験を、繰り返し思い出す
- 他人の善意に対して「何か裏があるのでは？」と勘繰ってしまう

・「なぜ自分ばかりがこんな目に遭うのか」という被害者意識が強い
・他人に攻撃的になりやすい

トラウマを引き起こす体験には、先に挙げた幼少期のいじめやＤＶ・虐待、性暴力、経済的な困難のほか、病気や事故・災害の場合もあります。さらに、

「家庭内できょうだいといつも比較された」

「学歴や家柄、人種、容姿などを理由にひどい偏見を受けた」

「最初に入社した会社で上司にパワハラをされた」

などの体験も、トラウマにつながることがあります。

お世辞抜きの褒め言葉をかけ続ける

このタイプの人たちは、たとえば職場で周囲の人から褒められても、素直に「ありがとう」と言えません。身についてしまったひねくれた態度や言動が災いして、周囲の人から「かわいくない」「あまのじゃく」と評価されてしまいます。

しかし、その陰には、誰にもわかってもらえなかった悲しい体験や、心の傷があり

ます。実は**反抗的・批判的な態度を取ることで、「私はここにいる。私の存在を認めて！」というサインを送っている**のです。

こうした人たちと職場やサークルで一緒になったときに大切なことは、相手がどんな反応を示そうとも、**気長に褒め言葉を伝え続ける**ことです。

彼らは、見えすいたお世辞や嘘はすぐに見抜きます。

好き嫌いの感情は横において、その人のすばらしい行動を淡々と口にするだけでよいのです。

「○○さんの声ははっきりしているので理解しやすい」

「○○さんのお客さま対応は誠実な印象を与える」

「○○さんの事務作業はスピーディだ」

と、事実を伝えるのです。

ただし、このタイプの困ったさんは、トラウマが深ければ深いほど言動が極端です。カウンセリングの専門家ではない一般の人が対応すると、嫌な思いをすることも。

無理に自分ひとりで解決しようとせず、上司や総務、人事部の人に協力を仰ぎましょう。産業カウンセラーと契約している場合は、介入してもらうのも有効です。

Type 5

価値観を更新できず
変化に対応できない「世代ギャップ」

「世代ギャップ」タイプとは、**一度身につけた価値観や文化に固執《こしつ》するあまり、自分とは相容《あいい》れない価値観の人たちとの間に軋轢《あつれき》が生じてしまう人たち**です。

たとえば、部下から新しい企画書が上がってくるたびに、「前例がない」と言って回答を先延ばしにするベテラン社員がいます。このベテラン社員は、**前例優先主義という昭和の価値観を引きずって**います。

部下は前例がないからこそ新規事業を立ち上げようとしているのに、いくら提案しても却下する上司のもとでは、やる気を失ってしまうでしょう。

世代ギャップタイプは、年齢を重ねている人ばかりではありません。若い社員でも、尊敬する上司のビジネススタイルをそのまま受け継ぎ、昭和的な価値観を周囲に押しつけようとする人がいます。周りはいい迷惑です。

コロナが追い打ちをかけた「個の時代」

一方で、令和世代やZ世代の新しい文化（習慣や感覚など）が上の人たちを戸惑わせ、トラブルに発展するケースも少なくありません。

特に、**コミュニケーションの取り方**に大きな違いが見られます。この違いは、次のような時代的背景によって生み出されました。

戦後の日本では風呂付き住宅は少なく、多くは公衆浴場（銭湯）に通いました。そこは、ご近所さんとの社交場の役割もありました。しかし、高度成長期を迎え、一億総中流社会が実現すると、風呂付きマイホームが一般に広がるようになります。

その結果、自宅の内風呂しか経験したことのない子どもたちは、他人と一緒に大浴場に入ることに抵抗感を覚えます。当時、「修学旅行で水着を着てお風呂に入る子がいる」といった話題も物議を醸しました。上の世代からすると「とんでもない感覚を持った若者たちが出現した！」と、驚きをもって受けとめられたのです。

その後、終身雇用や年功序列といった社会の組織構造が崩壊し、インターネットが急速に普及した背景を受けて個人主義はますます加速し、「（歪んだ）個の時代」と呼ばれる時代が到来します。

欧米においても、インターネットの普及による影響はありましたが、日本と異なるのは、他人の目を気にせず、自分の意見を主張する文化が古くから社会に根付いていたことです。そこに自立した育児が加わり、「個の確立」へとつながっています。

日本には「あうんの呼吸」や「空気を読む」という言葉に見られるように、同調性の強い文化が土台にあります。その土台が変わらないまま個の時代が到来したので、**自己主張もせずに自分の世界に閉じこもる「歪んだ個」が幅を利かせるように**なってしまいました。

その傾向に拍車をかけたのがコロナ禍です。コロナ禍では、密を避けることが好ましいとされ、「個食」や「黙食」が奨励されました。その影響もあってか、今の若い世代の人たちには、**他人とコミュニケーションを取ることに不慣れで、食事中もイヤホンをつけ、スマホで動画を見ながら自分の世界に没頭する人**が目立ちます。

先輩社員にしてみれば、「どうして、あの後輩は打ち解けてくれないんだろう?」「彼はなぜ、職場の行事に参加してくれないのか?」と悩む原因になります。

一方の、個人主義の若者は「なんで休みの日に会社行事に参加しなきゃならないんですか？」と、先輩社員に不満をぶつけます。ひと昔前なら「会社の決まりなんだから黙って従いなさい！」と一喝すれば済んでいたかもしれませんが、今の時代にそんなことをしたらパワハラで訴えられてしまいます。

相手を認め尊重する姿勢が、時代を生き抜くヒントになる

もはや**ダイバーシティ（多様性）という言葉は一般化しました**。自分の価値観を押しつけるやり方は通用しません。**自分とは異質なものを尊重し、柔軟に取り入れることがこの時代を生き抜くヒント**になります。

昭和の価値観も令和の価値観も、どちらかが絶対的に正しいわけではありません。〝古きよき時代〟の価値観を無理やり押しつけるのが好ましくないように、令和の基準による判断で昭和の価値観を全否定することにも問題があります。

あなたの困ったさんが世代ギャップタイプなら、まず本人のこだわりを否定せず認めましょう。そして「あなたの考えに〇〇を加えたら、さらによくなるね」と自分の考えを組み込んで提案します。どちらか一方ではなく「いいとこどり」の発想です。

Type 6

ストレスやホルモンバランスの影響で
心身が不調になる「疾患」

これまでの5つのタイプに分類されないのが、これからご紹介する疾患タイプの人たちで、言動の陰にさまざまな病気を患《わずら》っていることがあります。

ここでは、代表的なメンタル疾患について基本的な知識をまとめておきます。

【自律神経失調症】

自律神経失調症は、**自律神経のバランスが崩れた状態**であり、体や心にさまざまな症状をもたらします。主な症状に、**動悸《どうき》、発汗、めまい、ほてり、胃痛、腹痛、下痢、便秘、吐き気、震え、筋肉痛、肩こり、喉のつまり感、息切れ、食欲不振、片頭痛、全身倦怠感などが複合的に起こります。**中には耳が聞こえにくくなる人もいます。

私の親しい友人にも、自律神経失調症に陥った人がいます。彼女はある金融機関で支店長を任されていたのですが、あるとき私のところに「下痢が2週間も止まらない」

という相談の電話がかかってきました。

彼女の普段の仕事ぶりについて話を聞き、原因はストレスであろうと想像がつきました。毎月の支店長会議では数字を細かくチェックされ、みなの前で成績について罵《ば》倒《とう》されることが続いていました。彼女は私のすすめで病院を受診し、薬を処方してもらったことで、ほどなくして症状も改善していきました。

カウンセリングのほかにも代表的な対症療法として、医療機関を受診して処方される薬を服用するほか、漢方薬や医薬品、サプリメントなどを摂取する方法を紹介されることがあります。ヨガや入浴など、体を温めることで気持ちが落ち着き改善に向かったり、アロマセラピーのように香りでコントロールしたりする方法もあります。

【更年期障害（男性更年期障害）】

更年期障害とは、特定のホルモンの減少によって自律神経の調節がうまくいかなくなり、心身に変調をきたすことです。一般的には50歳以降の女性に多く見られる症状ですが、最近では、アラフォー世代の女性にも更年期障害と同じような症状が現れる「プチ更年期」が増えており、その原因はストレスによるものが多いとされています。

ただ、更年期障害は女性特有の症状というわけではありません。最近では、男性更年期についてもメディアなどで取り上げられる機会が増えてきました。

男性更年期障害は、**テストステロン（男性ホルモン）の低下**によって引き起こされる不調のこと。**発汗・ほてり・のぼせ、動悸・息切れ、めまい、疲労感、筋肉や関節の痛み、頻尿、肥満といった身体症状以外に、不安、イライラ、不眠、集中力の低下、記憶力の低下、性欲の減少、うつ症状といった精神疾患の症状**が起こります。

女性の場合はホットフラッシュや閉経などの症状で気づきやすいのですが、男性更年期は明確な症状がないので見逃すことがあります。「お父さん、最近短気で怒りっぽくなったね。年だから仕方ないかな」などと、そのままにされてしまうケースが少なくないのですが、男性更年期障害は治療を必要とする立派な病気です。

症状が重い人の中には、朝起きられずに会社を休みがちになるケースや、ぐるぐると天井が回るほどのめまいを起こして寝たきりになる人もいます。うつ病と症状が似ているため間違えられることがありますが、処方される薬はまったく異なります。

うつ病の薬を飲んでいても、いつまでも体に異常を感じる場合は、男性更年期の可能性も考え、セカンドオピニオンを受けることをおすすめします。

なお、更年期障害では症状にもよりますが**ホルモン補充療法**を行うのが一般的です。

【うつ】

うつ病はもはや「心の風邪」とも言われるように、誰もがかかる病として一般的です。**気分が落ち込んだり、やる気が起きない、不眠、涙もろい等の症状**があり、放っておくと重症化し、希死念慮《きしねんりょ》（死にたくなる、死のうとする）が生じることもあります。

発症するきっかけは、人間関係のトラブルのほか、入学や結婚、配置転換、離婚など、ライフイベントにまつわることが多いとされています。たとえ喜ばしい出来事であっても、それが終わって気持ちが緩んだときに、まるで心の免疫力が衰えたように発症するのです。これは、決して「心が弱い」からではありません。

初期症状として、**以前は好んでいた趣味をしなくなった、悲しくもないのに涙が出る、普段ならしないようなケアレスミスをする、記憶力の低下や判断ミス**といったことが挙げられます。早期発見・早期治療が重要なので、初期症状が見られたらすぐに医療機関を受診することをおすすめします。治療法は、服薬と休養が中心になります。

【適応障害】

適応障害は、**ストレスによって気分の落ち込み、意欲低下、不眠などの症状**が現れ、社会活動をするのが難しくなる心の病です。うつ病と並んで休職の原因になりやすい病気といえます。

社会人で適応障害になる人の多くは、職場で人間関係の問題を抱えていたり、業務で過度のプレッシャーを感じています。

出社しても、不安や抑うつ気分で脳が疲労し、まともに仕事をするのは困難です。**人間の感情は周囲に伝播していく特徴**があるため、適応障害の人が具合悪そうに覇気のない表情で勤務していると、**職場全体にどんよりした空気が蔓延し、生産性も低下するので、早急な対策が必要**です。

この病気はストレスの原因から逃れようとして症状が現れるので、本人の「起き上がれない」「吐き気やめまいがする」「会社に行けない」という発言自体は嘘ではありません。ただ、**ストレスの原因とは無関係な場所には元気に出て行くことができます。**

そのため、「会社は休んでも、夜の街には出歩いている」「趣味のバンド活動は楽しんでいる」ということが起こり得ます。

その様子を見た同僚などから「あの人、仮病でサボっているんじゃないの?」などと非難され、問題に発展するケースもあります。

この病気になった場合は、**とにかく原因となる対象や環境から離れることが**一番です。時に休職も必要かもしれません。症状を放っておくとうつ病を引き起こすので、注意とともに周囲の理解が必要です。

【不安障害・パニック障害】

不安障害は、**心配や不安が過度になりすぎて、日常生活に支障をきたす病気**です。パニック障害は不安障害のひとつであり、突然激しい不安に襲われ、心臓がドキドキしたり呼吸が苦しくなったりします。このような発作的な不安を「パニック発作」と言い、パニック障害はこの発作が繰り返し起こります。

動悸がしたり呼吸が苦しくなったりするのは、あくまで表面的な症状であり、**根本的には生育歴、特に母親との関係に問題があることが多い**とされています。ただ、妊娠・出産をきっかけにパニック障害を起こすケースもあり、原因をひと括りに説明することはできません。

パニック障害の人は、特定の場所へ行こうとすると発作が起きて動けなくなることがあります。私が相談を受けた例では、出勤のために電車に乗ろうとすると発作が起こり、吐き気をもよおすという会社員の女性がいました。

「もしかしたら、あなたは何か秘密を抱えていて、吐き出したいけど吐き出せないいんじゃないの？　それが乗り物に乗ったときの吐き気の症状に現れているのかもしれないよ。何か隠していることはない？」

このように尋ねたところ、彼女からは次のような答えが返ってきました。

「実は、夫に黙っている借金があります。買い物依存症になってしまい、カードをつくって借金を繰り返してしまったんです……」

そんな話をしてカウンセリングが終わったのですが、帰宅した彼女からすぐに電話がかかってきました。

「帰りの電車に乗ったときに、まったく吐き気をもよおしませんでした！」

つまり、彼女は**誰にも言えなかった隠しごとを、私に全部吐き出せたことで、吐き**

気の症状が一時的に治まったのです。

不安障害・パニック障害には、主に**薬物療法と精神療法（カウンセリング）**が用いられます。**放置すると、うつ病を併発**するなど症状が悪化する恐れがあります。医療機関を受診し、適切な治療を行う必要があります。


以上、いくつかの疾患について、解説しました。

困ったさん本人が病気であることを自覚していない場合、仕事を頑張ろうと出社を続け、最終的に症状が悪化して休職に追い込まれるケースも珍しくありません。

このタイプの人たちにとって、最も重要なのは**病気の早期発見と早期治療**です。そして、あなたの職場にこういった困ったさんがいる場合、決して邪魔者扱いするのではなく、病気の根本原因に向き合うことをすすめてください。

「**私の勘違いかもしれないんだけれど、もし何かの病気だったら治療が必要なので、一度病院に行ってもらえませんか？**」

といった声かけを行い、医療機関での受診を促すのが望ましい対応といえます。

③ うつ

ライフイベント等のきっかけにより、体内のホルモンや脳内神経物質のバランスが乱れ、やる気が出なくなる病気。心身症状により、日常生活に支障が出る

主な症状

気力の低下、不眠・中途覚醒、食欲低下、疲れやすい、記憶力・判断力の低下など

対症療法

抗うつ薬による薬物療法、認知行動療法、カウンセリングによる人間関係トラブルの整理など

④ 適応障害

人間関係の問題や、過度のプレッシャーなどのストレスが原因で、社会活動を送るのが難しくなる心の病

主な症状

起きられない、吐き気、めまい、気分の落ち込み、意欲低下、不眠

対症療法

原因となる環境から離れる

⑤ 不安障害・パニック障害

心配や不安が過度になりすぎて、日常生活に支障をきたす病気

主な症状

激しい不安、動悸、呼吸困難など。パニック障害の場合、「パニック発作」を繰り返す

対症療法

薬物療法、カウンセリング

必要なのは早期発見＆早期治療。
早めに医療機関での受診を促して

メンタル系疾患の分類と特徴

① 自律神経失調症

自律神経のバランスが崩れた状態。体や心にさまざまな症状をもたらす疾患

主な症状

動悸《どうき》、発汗、めまい、ほてり、胃痛、腹痛、下痢、便秘、吐き気、震え、筋肉痛、肩こり、喉のつまり感、息切れ、食欲不振、片頭痛、全身倦怠感などが複合的に起こる

対症療法

処方薬の服用、漢方薬や医薬品、サプリメントの摂取など。ヨガや入浴で体を温めたり、アロマセラピーで気持ちをコントロールする方法も

② 更年期障害

閉経に伴う女性ホルモンの減少によって引き起こされる不調

主な症状

異常発汗、動悸、めまい、イライラ、抑うつ、不安感、不眠、頭重感、腰痛、関節痛、消化器症状、排尿障害など

対症療法

ホルモン補充療法、漢方治療、抗うつ剤や睡眠剤などの薬の服用、カウンセリング

男性更年期障害

テストステロン（男性ホルモン）の減少によって引き起こされる不調

主な症状

発汗、ほてり、のぼせ、動悸、息切れ、めまい、疲労感、筋肉や関節の痛み、頻尿、肥満、不安、イライラ、不眠、集中力の低下、記憶力の低下、性欲の減少、うつ症状など

対症療法

ホルモン補充療法

組織の問題か、個人の問題か

職場の困ったさんへの対処法を学ぶ前に、まず意識していただきたいのは**「すべて自分で解決しようとしない」**ということです。

たとえばあなたの職場に、仕事中でもスマホでSNSをチェックしたり、ゲームをしたりしている新入社員がいて、扱いに悩まされているとしましょう。

この場合、あなたが指導の仕方を考える以前に、組織としてのしくみづくりが必要です。就業規則や社内ルール、マナー教育の徹底を通して、学生と社会人との違いや、やってよいこと／悪いことの区別をつけてもらいましょう。

部下の都合には一切かまうことなく、周りの人をすぐに呼びつけ、思いついた仕事を押しつける。こんな上司がいる場合も同じです。

部下の仕事をむやみに中断させる行為は、パワハラ（パワーハラスメント）に相当します。パワハラ気質の困ったさん上司がいた場合は、組織の問題として上司にハラスメント教育を受けてもらう必要もあります。

これらは、**会社全体で取り組むべき問題**です。

個人でできる「困ったさん対策」は、自分の成長にもつながる

とは言え、現実には組織の問題を上司に訴えたところで、すぐに改善をはかってくれるとは限りません。

また、困ったさんの対応には、**個人ができることもたくさん**あります。**困ったさんへの対応を自分の成長につなげる**という視点も重要です。

困ったさんに振り回され、ひたすら耐えていたら、そのうちストレスで病気になるのが目に見えています。

だからと言って、無理やり相手を変えることはできません。

そこで、唯一の解決法が「**自分を変えること**」なのです。自分を変えると言うと、「そんなの嫌だ、納得がいかない！」と思う人もいることでしょう。

でも、私が言いたいのは、あなたのアイデンティティを変えてほしいということではありません。変えるのは、あなたの**「物事の受けとめ方」「行動パターン」「感情表現の仕方」**の3つです（左ページ参照）。

たとえば、困ったさんから責められているとき、いつも小さな声で「はい、はい……」と言っていると、相手はますます図に乗り、攻撃的になります。

ここで、困ったさんの**発言の受けとめ方**をちょっとチェンジ。「まあ、一理あるかも」と捉え直して、大きな声を出して「はい！　わかりました！」と言ってみる。こんなふうに、**思考と行動パターンを変えてみるだけで、相手の反応は変化**します。あなたの勢いに押されて、ちょっとトーンダウンする可能性が出てくるのです。

また、あまのじゃくな性格の人には、実は「ありがとう」という**感謝の感情表現**が効果的です。彼らはあまのじゃくなので、素直に反応することはありません。でも内心では、自分のことをわかってくれている、と喜んでいます。その点では、不平不満を言うなど態度はよくなくても、コミュニケーションは取れているのかもしれません。

このように、ちょっとした変化をつけるだけで、相手を変えることができます。

「困ったさん対策」の3原則

問題を
自分ひとりで
抱え込まない

会社や組織で
取り組む問題と、
個人で対処する
問題を分ける

個人で
対処する場合
①物事の受けとめ方
②行動パターン
③感情表現の仕方
の3つを変える

「カウンセリングマインド」で接する

前節の「困ったさん対策の3原則」の解説で、**「物事の受けとめ方」**を変える、とお伝えしましたが、そのための心構えについて、もう少し詳しく解説しましょう。

特に意識していただきたいのが**「カウンセリングマインド」**です。

カウンセリングマインドとは、カウンセラーがカウンセリングで用いる「スキル」ではありません。**相手の話を聞こうとするときの「心構え（姿勢や態度）」**です。

カウンセリングマインドは、カウンセラーでなくても誰でも意識すれば身につけることができます。ポイントは次の2つです。

①共感的理解

②受容

「共感的理解」は、相手にフィードバックして初めて成立する

ひとつめの共感的理解には、**ほかの人の気持ちを察する想像力**が必要となります。体験とは、それを経験した人自身にしかわかり得ないものです。私たちは相手が体験したことについて、つい「わかります」という言葉をかけてしまいがちですが、結局のところ、相手の気持ちなんてそうそうわかるはずがありません。

だからこそ、想像力を駆使して、相手の状況や気持ちを理解しようとする姿勢が大切なのです。

たとえば、あなたが男性の場合、「出産の痛みがわかりますか？」と聞かれたら、「わかるはずがない」と答えると思います。男性は出産ができないので、当然です。

でも、「出産のときにくる陣痛は、お腹を壊したときの数百倍の痛みが伴います」と言われたらどうですか？　「それは痛いだろうなぁ」と想像できると思います。

さらに言うと、**相手の状況を想像した気持ちを言葉にしてフィードバックして、初めて共感的理解となります。**たとえば、

「そんなことがあったらしんどいよ」

「よくそこまで頑張ったね、すごいなぁ」

「そうなんだ！　うれしいね」

というように、相手の感情にフォーカスして言葉にするのです。

あなたがどんなに共感していても、黙っていては伝わりません。

相手の気持ちが十分に伝わってきたとき、胸がぐっと詰まって言葉に表現することが難しいことがあります。その場合でも、**その状態をそのまま伝えればいい**のです。

「君の気持ちを思うと、胸が締めつけられるようで言葉が見つからない」

そうすれば、相手もあなたに伝わったのだと理解することができます。

「受容」に評価や判断は不要

もうひとつの受容とは、**いい／悪いの評価をせずに、ただそのまま「そうなんだ」と受け入れること**を意味します。

「そうなんですね、あなたは（あなたの事情や背景から）そう思うのですね」

このように、相手の意見に対して肯定も否定もせず、淡々と事実だけを復唱します。

自分の考えと異なる人に、私たちはつい「違いますよ」と反論したくなります。でも、その反論したい気持ちをぐっとこらえて、まずは「そうなんだ」と受け入れます。その後に「ただ、私は○○してもらえたらうれしいな」と気持ちを述べればよいのです。

誰だって自分を否定する人に、心を許そうとは思いません。人間関係では、まずお互いの価値観を尊重するために、違う考えを否定しないことから始めましょう。

「言いなりになること」は受容ではない

なお、**自分の意思を押し殺してまで相手の言う通りにするのは受容ではありません。**

これは「迎合」と言って、ただの言いなりです。

あなたは、困ったさんに迎合する必要はありません。拒否する姿勢は見せずに、ただ受容しましょう。その後、歩み寄る話し合いに発展していきます。

受容する姿勢や態度で相手と接することができれば、人間関係はそれほどこじれません。職場の困ったさんとも、波風を立てずに適度な距離を保つことができるようになるはずです。

相手に興味を持って"一歩"踏み込む

私たちカウンセラーは「**興味で話を聞くな。相手に興味を持て**」という教えを受けながら育てられます。

多くの人は、他人に対して自分の興味の赴くままに質問をします。たとえば、洋服に興味を持っている人なら、職場の同僚に対して、「わー、その洋服いいね。ゆったりコーデ似合ってるよ。どこで買ったの?」と、尋ねたりします。

けれども、同僚は体型にコンプレックスを持っていて、**ゆったりした服装しか選べないのかもしれません**。無邪気に質問しただけなのに、「ゆったりした服装をからわれている」と誤解され、トラブルに発展する可能性もあるわけです。

興味を持てば、相手の「事情」に意識が向く

一方、相手に興味を持てば、質問をする前に考えるようになります。

「どうして、彼女はいつもゆったりした服装をしているんだろう？」

「窮屈な生活が嫌なのかな？」

「それとも、もしかして体型を気にしているのかな？」

このように、相手の事情に意識を向けることで、相手の好むことや嫌がることにも気づきやすくなるのです。

ただし、「相手が体型を気にしているかもしれない」というのはひとつの見立てであって、必ずしも正しいとは限りません。見立てをしつつも、それをいつでも変えられる柔軟性が求められます。

相手を尊重する姿勢さえあれば、その誠意は相手に伝わる

時には、本人に直接聞くことも大事です。聞かなければわからないことがたくさんあります。

「いつもゆったりコーデを選んでいますよね。こういう服装がお好きなんですか？」

このように質問をすれば、何かしらの反応があります。

もちろん、質問をしたことで相手の態度が硬化するおそれもあります。人間は聞い

てほしくない質問を受けたときは、コミュニケーションをシャットアウトします。

シャットアウトされているかどうかは、相手の口調や態度を見ればわかります。

「あ、これは聞いちゃいけないことだったんだな」

そう感じたら、聞くのをやめて、じっくり信頼関係を築くことに努めましょう。


相手の心に踏み込むことには、リスクが伴います。

それでも、あえて踏み込む勇気を持ってほしい、と私は思います。人間関係が深まることで得られることがたくさんあるからです。

意識したいのは、**興味本位でプライバシーに立ち入るのではなく、相手を尊重しながら知ろうとする姿勢**です。

一歩踏み込む「勇気」を持とう

基本的な心構え 「興味で聞くな。相手に興味を持て」

興味本位で聞くと…

「わー、その洋服いいね。ゆったりコーデ似合ってるよ。どこで買ったの？」

「ゆったりした服装をからかわれた！（怒）」

Change!

相手に興味を持つと…

「どうして、彼女はいつもゆったりした服装をしているんだろう？　もしかして体型を気にしているのかな？」

「いつもゆったりコーデを選んでいますよね。こういう服装がお好きなんですか？」

「いえ、体形に自信がないので、ついこういう服装を選んでしまうんです……」

相手を尊重しながら一歩踏み込むことで、前向きな関係が築ける！

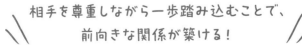

「アサーションスキル」を身につけよう

心理学には「**アサーション**」という考え方があります。

アサーションとは、**相手の権利を尊重しつつ、自分の意見や気持ちを率直に伝える行動やコミュニケーションの手法**です。

英語の「assertion」に由来し、直訳すると「主張・断言」という意味ですが、日本語のニュアンスとしては「自己表現」といった言葉がふさわしいでしょう。

アサーション権は、他人の権利を侵害しない限り、「自己表現」「自己主張」「自己実現」する権利があることを意味します。

日本の憲法では、平等権、自由権、社会権、参政権といった基本的人権が保障されていますが、心理学では心にも基本的人権があるとしています。

左ページに、「基本的アサーション権」の10カ条をご紹介しましょう。アサーション権にはいくつもありますが、その中でもベーシックで大切な項目をまとめました。

基本的アサーション権の10カ条

第1条　自分自身である権利(人と違っている権利)

自分は自分としての価値がある。人と違っていてもいい。人と異なっていること自体は悪いことではない。

第2条　自己表現する権利

自分の能力を発揮したり、人に認められたりしてもよい。他の人がそうしないからと言って、自分を抑える必要はない。

第3条　気持ちや決定を変更する権利

時間や環境の変化とともに、自分の考えや気持ちは変わるもの。成長するということは、変化を伴う。

第4条　ありのままの感情を感じとる権利

感情に正しい感情・間違った感情、いい感情・悪い感情はなく、感情を合理化したり、正当化したりする必要はない。ありのままの気持ちを感じていい。

第5条　不完全である権利

人間である限り完全ではありえない。できないこと、知らないこと、興味を持てないことなどがあってもいい。いつも完璧を目指さなくてもいい。最後までやり遂げられないこともある。

第6条　責任を取らない権利

自分に取れる責任とそうでない責任がある。取ってはいけない責任を知ることも大切。

第7条　間違いや失敗をする権利。またその責任を取る権利

間違いや失敗が起きたときには、その責任を取ることが許されてよい。

第8条　ノーを言う権利

できないこと、やりたくないことをいつも無理してやる必要はない。

第9条　行動を起こす権利

自分から欲しいものを求めたり、やりたいことを試みることができる。いつも人の善意や好意、協力を待つ必要はない。

第10条　選択する権利

第1条から第9条までが身につけば、状況によってその権利を使うかどうか、選ぶことができる。

引用:『アサーション・トレーニング　さわやかな〈自己表現〉のために』(平木典子、金子書房)より著者抜粋

当たり前のようで、意外にハッとします。ぜひ一度、全文を読んでみてください。

この10カ条にあるように、**人は自分に素直に生きる権利を持っていて、それは誰にも邪魔されてはならない**ものです。

その中で自分の意見を主張する際は、**相手の気持ちに寄り添い、感謝の気持ちを表す**ことが重要です。

困ったさん対策にも使える「DESC法」

なお、会話型コミュニケーションスキルのひとつに「DESC《デスク》法」という有名な手法があります。「DESC」とは、次の単語の頭文字を取ったものです。

Describe：事実を描写する
Empathize：相手に共感し、自分の気持ちを表現する
Specify：相手に求めることを提案する
Choose：相手の反応を見て行動を選択する。提案が拒否されたら代替案を提示

このDESC法を用いてアサーション的な自己表現をすると、次のようになります。

上司から突然、急ぎの仕事を頼まれたら…

「私は今、A部長に頼まれた仕事に取りかかっていて、これを明日の正午までに仕上げなければいけません。（↓**Describe：事実描写**）

そのため、今B課長にご指示いただいた仕事については、申し訳ありませんが本日中に取りかかるのは難しいかと思います。（↓**Empathize：共感と気持ちの表現**）

たとえば、明日の午後から着手して、明日の夕方までに提出ではいかがですか？（↓**Specify：提案**）」

ここで、B課長から承諾が得られれば、納期を延期した上で、どちらの仕事も引き受ける（↓**Choose：選択**）ことができますし、もし「それだと、ちょっとまずいんだよね……」と、B課長が渋るようなら、

「それでは、私の今進めている仕事を誰かに代わってもらうことはできますか？」

などの代替案を提示することもできます。

このように、**相手の気持ちに寄り添って、自分の主張も伝えながら現実的な提案ができれば、職場のコミュニケーションはスムーズにいく**ことでしょう。

I《アイ》メッセージで伝える

アサーションスキルの中でも効果的なのが、「I《アイ》（私）メッセージ」です。

「どうしてお客さまに敬語が使えないの？」
「他人からの評価を気にしすぎ！」
「なぜマグカップを片づけてから帰らないの？」

このような「あなたは、なぜ○○をしないの？」「あなたは××である」という表現は、あなた（YOU）を主語にして不満を訴えているので、「YOUメッセージ」と言われ、相手を責めているような印象を与えます。

この表現を「私」を主語にしたIメッセージに変えると、柔らかいコミュニケーションになります。

「どうしてお客さまに敬語が使えないの？」
↓「（私は）お客さまにはもう少し丁寧な言葉づかいをしてほしいです」
「他人からの評価を気にしすぎ！」
↓「（私は）あなたがもっと自分らしく生きてくれるとうれしいです」
「なぜマグカップを片づけてから帰らないの？」
↓「（私は）あなたが帰るときにマグカップを片づけてくれるとありがたいな」

このように、Iメッセージでは「私があなたの言動によってどんな気持ちになるか」を伝えていきます。これは**相互尊重で穏やかに話をするための手法**です。

「ハラスメント系困ったさん」への対応は、専門家に相談を！

ところで、アサーションスキルを活用するときに、気をつけたいことがあります。
一般的な困ったさんにはアサーションスキルが通じますが、屈折した困ったさんには通用しないことがあるのです。

屈折した困ったさんとは、**セクハラ、パワハラなどのハラスメントをしてくる人たち**のことです。ハラスメントの内容は多岐にわたりますが、中でもモラルハラスメントをする人は、相手にトイレへ行くことや食事をとることも許さずに何時間も説教を続け、「自分の言うことがすべて正しくて、お前の言い分が間違っている。だから謝《あやま》れ！」などと責め立てることがあります。

そうやって理不尽な説教を続けられた人は、次第に「私が悪い」と考えるようになり、最終的に相手の言いなりになります。まるで洗脳のようです。

こういった人たちは単なる困ったさんではなく、**あなたの人権を侵害する「モンスター」**です。

すぐに会社に訴え、早急に対策を講じてもらいましょう。もし、会社側が動いてくれない場合でも、あきらめることなく、専門家（弁護士やカウンセラーなど）に相談してください。**自分の身は自分で守る、**という意識も必要です。

「I《アイ》」メッセージで伝えよう

「どうしてお客さまに敬語が使えないの？」

Change!

「（私は）お客さまにはもう少し丁寧な言葉づかいをしてほしいです」

「他人からの評価を気にしすぎ！」

Change!

「（私は）あなたがもっと自分らしく生きてくれるとうれしいです」

「なぜマグカップを片づけてから帰らないの？」

Change!

「（私は）あなたが帰るときにマグカップを片づけてくれるとありがたいな」

「YOU」メッセージを「I」メッセージに
変えるだけで柔らかい印象になり、
相手の受けとり方も前向きに！

第1章のまとめ

▷「困ったさん」の対処法がわかれば、恐れは安心へと変わる

▷「困ったさん」は6タイプ

①ASDタイプ：こだわり強めの過集中さん
②ADHDタイプ：天真爛漫なひらめきダッシュさん
③愛着障害タイプ：愛情不足のかまってさん
④トラウマ障害タイプ：心に傷を抱えた敏感さん
⑤世代ギャップタイプ：変化に対応できない価値観迷子さん
⑥疾患タイプ：頑張りすぎて心が疲れたおやすみさん

▷2024年4月の法改正により、事業者による障害のある人への合理的配慮の提供が義務化された。発達障害を抱える人が働きやすいように環境を配慮することは、企業にとって当然の責務

▷「困ったさん対策」の3原則は

①問題を自分ひとりで抱え込まない
②会社や組織で取り組む問題と、個人で対処する問題を分ける
③個人で対処する場合、
1）物事の受けとめ方　2）行動パターン　3）感情表現の仕方の3つを変える

▷「困ったさん」と接するときは、「カウンセリングマインド」で

①共感的理解
②受容
の2つを意識する

▷相手の話は興味で聞かない、相手に興味を持つ

▷相手に何か言いたくなったら、「I《アイ》（私）メッセージ」で伝える

第2章

事例でわかる！

モヤモヤ「困ったさん」のスッキリ対処法

第1章で、「困ったさん」の6タイプを読んで、どう思ったでしょうか？
「そうそう、こんなことあるある！」
「職場のあの人って、このタイプだったんだ！」
など、基本的な理解ができたら、いよいよ次に進みましょう。

本章では、あなたが職場の困ったさんとどう付き合えば、必要以上に振り回されることなく、心をすり減らすこともなく、穏やかな日常が戻ってくるのかを一緒に考えていきます。

これからタイプごとに、それぞれの特性から起きるトラブル事例と、対処法をセットでご紹介します。

24～25ページの診断チャートで、あなたの周りの困ったさんのタイプがわかっている場合は、左ページの図も参考にしながら、該当するタイプの事例をチェックしてみてください。

全体的な理解を深めたいという方は、頭から読み進めていただくことで、タイプごとの特性や考え方の違いがよりわかりやすくなると思います。

「困ったさん」の事例と対処法の掲載ページ

タイプ❻ 疾患（自律神経失調症、更年期障害、うつ、適応障害、不安障害・パニック障害）

本書では取り上げません。
疾患が疑われる場合は、早急に医療機関を受診してもらうことをおすすめします。

Case 1

取締役にも平気でタメ口《ぐち》タイプ1 ASD

品質管理の業務に携わるAさんは、常識からズレた言動をすることがたびたびあり、社内で「変わった人」と見られています。

たとえば、Aさんは取締役にも平気でタメ口を聞きます。周りの人たちはヒヤヒヤしていますが、本人はまったく気にするそぶりもありません。

Aさんはふだんは社外の人と顔を合わせる機会はほとんどないのですが、まれに取引先の商談に同行することもあります。

あるとき商談の場にやってきたAさんの服装を見て、上司である部長は絶句してしまいました。Aさんが着用していたのはカラフルなTシャツにサンダル履き。どう見ても、商談にふさわしい服装とは思えなかったからです。

「その服装はどういうつもりだ？　それではお客さんの前に出せないぞ」

部長が注意しても、Ａさんは「今日は暑いですし、どんな格好をしようと、商談の内容とは無関係ですよね？」と、どこ吹く風。

彼の傍若《ぼうじゃく》無人《ぶじん》ぶりはたびたび問題になっていますが、周囲の誰もがどうしてよいのか、解決策が浮かびません。

取締役にタメ口を聞くのは、普通に考えれば非常識ですが、ＡＳＤタイプのＡさんにしてみれば**「人間は平等なのだから、職位によって言葉づかいを変える必要なんてない」という理屈で正当化**されています。

取引先に不適切な格好で行こうとするのも、**自分にベクトルが向いているから**です。要するに、**「自分が気に入っているからこの服を着ている。それのどこが悪いの？」**と考えているのです。

では、まったく解決策がないかと言うと、そうでもありません。

Ａさんのような**ＡＳＤタイプの人は、平等意識に長けていて正義の味方でいる半面、権威に弱い傾向**があります。そのため、世間的な名声に弱いというよりも、自分がいいと思った専門家の言うことは聞くのです。そのため、家族や職場の人たちの言うことは聞かなくても、専門家や有名人が語っている内容を引用すると、比較的素直に聞き入れてくれます。

ですから、たとえば専門家が書いたビジネスマナーの本を渡して「参考になると思うから、これを読んでおいてくれる？」とお願いしてみる。あるいは「超有名な先生の研修があるから受けてね」とすすめるのも有効です。

彼らは習っていないことはできませんが、**習ったことを忠実に再現する力は持っています。専門家から正しい常識を学ぶことで、それまでの行動を改めてくれる可能性はあります。**

Point

✓ ASDタイプの困ったさんは、権威に弱い。

✓ 専門家から正しい知識を学べば、行動を改めてくれる可能性あり。

Case 2

気まずくなると急にいなくなる

タイプ1 ASD

Bさんは、職場で知らない間にふら〜っといなくなります。興味のない話題になったときや、特に上司がBさん以外の誰かを叱っているとき、黙って席を外し、その場を立ち去ってしまうのです。

喫煙所やトイレで一定の時間をやりすごし、しばらくすると自分の席に戻るのですが、そんなことが何度も続くので、そのたびにチームの仕事がストップしてしまいます。とても生産性が高いとは言えません。

「勝手にいなくなると、仕事に支障が出る。せめて、誰かに断ってから席を外してもらえないかな」

上司がBさんに注意したところ、次のような弁明をしました。

「興味のない話を聞くのが、とても苦痛なんです」

「誰かが叱られているのを聞いていると、自分が叱られているような気分になって、その場にいるのがつらくて、つらくて……」

どうやら、Bさんにとって好ましくない状況に直面すると拒否反応を起こし、その場から逃げ出したい衝動にかられるようです。

「なぜなんだろう？」と、上司は首をかしげています。

「面前《めんぜん》DV」という言葉があります。**子どもの前で配偶者や家族に対して暴力を振るうことであり、直接的な暴力だけでなく、暴言や罵倒《ばとう》も含まれます。**

Bさんは、小学生の頃から学校へ行くと緊張を感じるタイプだったといいます。直接いじめられたわけではないものの、クラスメイトが叱られていると自分のせいかもしれないと感じたり、無力感から自己評価が低くなったりしていたそうです。

生まれつき、または育ってきた環境によって、感受性には個人差があります。心が傷つきそうになると、防衛本能が働いて人はなんらかの行動に出ます。ＡＳＤタイプの人は誰かが言い争っていると、まるで自分ごとのように感じます。その結果、すべてが面倒になっていつの間にかその場から姿を消すのです。

Bさんの場合も、他人が叱られているのを見ると「自分もそうされるのでは？」と恐怖を感じ、〝避ける〟行動に出たのでしょう。

「怖い（面倒）と感じると逃げる」Bさんの特性は、自分で改めようとしてもそう簡単に直せるものではありません。ですから、**上司がBさんの前でほかの部下を叱るのをやめる**などの配慮が求められるでしょう。

ほかには、Bさんが信頼している人を通じてコントロールしてもらう方法も効果的です。ASDタイプの人の周りには、得てして「**この人の言うことだけは素直に聞く**」**というキーパーソン**がいます。

そのキーパーソンにお願いをして、「**黙って職場からいなくなるのはよくないよ。私にだけは伝えてね**」などと言ってもらうと、聞き入れてもらえる可能性はあります。

Point

- 「怖いと逃げる」特性がある困ったさんの前では、部下を叱らない。
- 困ったさんが言うことを聞く「キーパーソン」に協力を依頼する。

Case 3

タスクや締め切りの管理が苦手

タイプ1 ASD

Cさんはタスク管理が苦手で、書類の提出期限などもしばしば遅れがちです。

ある日、Cさんが無断欠勤をしたので、作業途中の仕事を確認しようと上司が机の上をチェックしていたところ、取引先に送っておいたはずの契約書が置きっぱなしになっているのが見つかりました。

契約書の送付期日は取引先と事前に取り決めていたので、発送が遅れたとなると、先方の心証《しんしょう》を害するのは確実です。

上司は、Cさんがここまでスケジュールやタスクの管理ができないと思っていなかったので、驚き呆《あき》れてしまいました。

結局、連絡がつかないまま、Cさんは今日も会社を休んでいます。

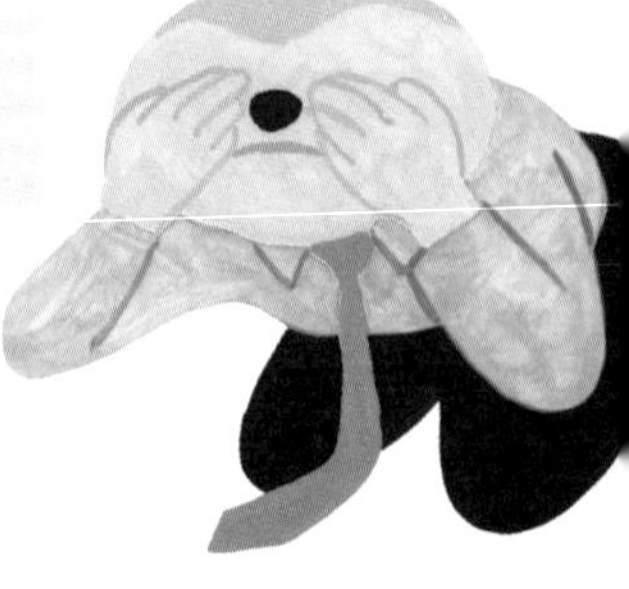

Cさんは、タスク管理に強い苦手意識を持っています。特に発達障害やグレーゾーンの疑いがある人は、苦手意識のせいで、朝ベッドから起き上がれないということもあります。一種の逃避行動です。

そうなると、業務に支障が生まれ、ますます仕事を先延ばしにするという悪循環にハマってしまいます。

こういったケースでは、本人の行動改善の前に**周囲の人が期限厳守に協力する**ことが有効な解決策となります。ASDタイプのCさんの場合は、ToDoリストのアプリを活用しながら、終わったタスクをひとつずつ消していくことにしました。

アプリを使うより、アナログの手帳などにToDoを書き、終わったタスクに線を引いて消すやり方を好む人もいます。ほかにも、付箋1枚ごとにひとつのToDoを書いて、完了したら付箋を捨てていく方法が合っている人もいます。

しばらくは、同僚に終わったタスクの確認をしてもらうとよいでしょう。

「例の○○は、明日が締め切りですよ」

「あの仕事、どうなっていますか?」

このように、**締め切りや期限はしつこいくらい何回も確認し続ける**ことが肝心です。

ところで、Cさんはどうして期限内に仕事を間に合わせられないのでしょうか?

それは、仕事の交通整理ができず、いちいち立ち止まってしまうからです。Cさんは、どの仕事をいつまでに、どうやって実行すればよいのか、情報が錯綜《さくそう》して脳内でフリーズを起こしている状態です。

そのため、交通整理が得意な同僚がCさんの代わりに整理してあげれば、Cさんも何から着手すべきかがわかるので、自ら歩み始めることができるようになります。

誰しも得手、不得手があります。適材適所という言葉の通りで、無理に苦手な分野を克服しようとしなくても、それぞれが得意な分野で力を発揮できれば、仕事は楽しくなるし、業績も向上するのではないでしょうか。

Point

✓「タスク管理が苦手」な困ったさんの場合、周囲の人がしつこく進捗を確認しよう。

✓ToDoリストを活用し、未達／完遂《かんすい》タスクを見える化するのも有効。

Case 4

日本語に厳しすぎて赤ペンが止まらない

タイプ1 ASD

総務部のD課長は部下が作った書類に厳しい目を向け、徹底的に修正します。誤字・脱字の指摘はもちろん、「ら抜き言葉」「さ入れ言葉」のチェック、口語から文語への訂正など、ありとあらゆる角度から赤ペンで修正が入ります。

もちろん、訂正すべき誤用もあるのですが、指摘の大半は、業務上は支障のない範囲の誤りであり、少々厳格すぎるようです。

部下は、毎回毎回文字修正に時間を取られるため、本来の仕事が進まず困っています。

「D課長のせいで、総務部全体の生産性が低下しています」

そうこぼす部員も、少なくありません。

この手の上司のこだわりの強さは、変えようがありません。ＡＳＤタイプのこだわりを強く否定すると「自分はダメな人間なんだ」「職場にいなくてもいい存在なんだ」と悲観し、ますます意固地になります。

それより、本人の心を開かせて前向きなエネルギーに変えるほうが、職場全体の雰囲気はよくなります。

それには**相手を否定せず、優れたところを褒める**ことが肝心です。

「Ｄ課長に校正をお願いしたら、絶対間違いないですね！」

「Ｄ課長のおかげでお客さまに間違った情報を伝えずに済みました。いつも、ありがとうございます！」

このように言葉をかけると、本人は役立っているという実感を得て**自己有用感**※が満たされ、うれしくなります。

もちろん、褒めたからといって、次回から部下のミスを見逃してくれるわけではありません。けれども、本人が機嫌よくなれば、みんなのために貢献しようとする意欲

（※自分が有用な存在であると思える感情）

が芽生えます。**得意な分野で力を発揮してもらえば、職場の生産性を上げることにもつながるでしょう。**

とにかく重要なのは、**本人のよいところを見つけて伸ばすこと**です。

得意な分野で力を発揮してもらうという意味では、個人で対応するというよりも、**組織として対応するのが望ましい方法**といえます。

ある職場では、書類の不備を細かくチェックしすぎる人を「校正係」に任命し、その人に**部署内のあらゆる書類の文章や文字チェックを任せ、修正もやってもらう**ことにしました。

本人にとっては得意な書類のチェックですから、仕事も完璧です。これにより、周囲のメンバーは、いちいちやり直しを命じられることがなくなり、業務効率が上がってストレスも大幅に軽減されたそうです。

こういった解決方法も、検討の余地があるでしょう。

Point

- こだわり強めの困ったさんの場合、相手を否定せず優れたところを褒める。
- 得意な分野で力を発揮してもらえるよう、組織対応を会社に検討してもらおう。

Case 5

ルーティンが崩れると大パニック！

タイプ1 ASD

Eさんには、妙なクセがあります。ルーティンを守らないと気が収まらないというものです。たとえば、出かけるときには必ず右足からドアの外に出ます。ルーティンは絶対であり、間違えて左足から出たときにはもう一度戻ってやり直すのだそうです。

職場では、持参したコーヒーを飲んでからでないと仕事を始められません。あるとき、コーヒーを飲もうとしたタイミングで上司から急ぎの用事を言いつけられたEさんは、マグカップを持ったまま「今、コーヒーを飲んでいるんだ！」と大声を出してしまいました。周囲が恐怖を感じるほどだったそうです。

また、Eさんはスケジュール変更も苦手です。会議の予定が変更になったときなどは、とたんに機嫌が悪くなります。取引先に対してもあからさまに不機嫌な

態度を取るので、上司には頭痛の種となっています。

Eさんのように、**ルーティンを守ることで心の安定を保つ人たち**がいます。このようなASDタイプに対しては、まずはできるだけ彼らの決めた行動をさえぎらないようにしたいところです。一度決めたマイルールは、なかなか変えられません。

その上で、Eさんのルーティンが崩れ、彼が感情的になり得意先に失礼な態度を取ることを避けたいのであれば、次のように話しましょう。

「Eさん、今月は得意先から○件のクレームがあった。どれも、スケジュール変更に対して君が感情的になったことについてだよ。このままでは、商品の受注が少なくなって下手すると得意先を失ってしまう。君にも処分が下る可能性があるので、もう少し感情のコントロールを意識してもらえないかな？」

このように、**Eさんのいら立ちが原因でクレームが発生していることを論理的に説**

明し、クレームによってEさん自身にもどんなデメリットがあるかを具体的にイメージしてもらいます。

ASDタイプは、自分のリスクには敏感なので、ドキッとすることでしょう。

話し方は、あくまでも穏やかに淡々と伝えるのが効果的です。間違っても相手を責めるような口調はいけません。自分の敵・味方をはっきりさせたがる彼らには、「敵」だと思われてしまいます。

同時に、ルーティンを変更する場合は、前もってEさんに根回しをしておくように、職場のしくみを整えましょう。

さらに最重要な案件や得意先については、担当を外すことを検討してもいいかもしれません。

Point

✓ ルーティンが決まっている困ったさんは、できるだけそのルールを尊重する。

✓ 困ったさんの行動で、どのような不都合が生じるかを具体的に伝えよう。

✓ 困ったさんが感情をコントロールできない場合は、重要な得意先は担当させない。

Case 6

異臭を放ってもおかまいなし

タイプ❶ ASD

Fさんは肌が敏感で、お風呂に入ったりシャワーを浴びたりするのが苦手です。そのため、夏でもほとんどお風呂に入ろうとしません。その状態で出社するので、当然職場では異臭を放ちます。

Fさんが異臭の発生源であることは、職場の誰もが知っています。みんなFさんと会話をすることはおろか、近くを通るのも嫌がります。

あるとき、上司の課長がFさんを呼んで注意を与えました。

「Fさん、お風呂に入っていないよね？　みんなが迷惑をしているので、ちゃんとお風呂に入ってくれないかな」

しかし、翌日もFさんの体からは変わらず異臭が漂い、上司も課のメンバーたちも、どうしたらよいのか本当に困り果てています。

「Fさんは不潔」と言われれば、確かにそうなのかもしれません。

しかし、Fさんは**感覚過敏**の症状を抱えているため、水滴が皮膚に当たることを非常に不快に感じてしまうのです。そのため、お風呂に入る行為がたまらなくつらい。このつらさは、当事者でなければとても理解できないものでしょう。そのぶん、においについては**感覚鈍麻**《どんま》でもあるのです。

周りの人たちはFさんの特性を知り、理解すれば、Fさんに配慮しながら解決策を考えられるようになります。

Fさんの職場では、**彼の机だけほかの人たちから離すという環境調整**を行いました。机の配置にあたっては、空調による風の流れを考慮し、**Fさんの風下にほかの人の机を置かないようにレイアウトを工夫**しています。これにより、周囲の人のストレスをかなり軽減することができました。

ちなみに、ASDタイプや後述のADHDタイプに多い感覚過敏の人は、お風呂やシャワーを嫌がる以外に、光に当たると頭痛が起こる、特定の香りを嫌がる、肌触りの悪い洋服は着ない、といった**五感にまつわる反応が顕著**です。

また、感覚過敏とは逆に、感覚鈍麻の人もいます。感覚鈍麻の人は、たとえば肩こりに気づかない、胃がんを患っているのに胃の痛みにほとんど気づかない、といったことが起きます。あるいは湯たんぽで低温やけど状態になっているのに、痛みに気づかずに長時間放置してしまったり、室内の温度が高温になっていても気づかない、といったこともあります。

ここ数年、日本では夏の酷暑が問題となっていますが、感覚鈍麻の人が暑さを感じない、または冷房を極度に寒いと感じるせいで、エアコンを使おうとしないケースがあります。そうなると、本人だけでなく家族や社員も巻き込まれて熱中症にかかるリスクが高まるので、注意が必要です。

Point

- お風呂に入るのが苦手な困ったさんには、においた対策の環境調整をしよう。
- ASDの人の中には「感覚過敏」とは真逆の「感覚鈍麻」の人もいる。命の危険が生じる場合もあるので、周囲の人が注意を！

Case 7

ケアレスミスが多すぎる

タイプ2 ADHD

職場でも有名なケアレスミスの常習犯であるGさん。書類の誤字脱字や数字の入力ミスが多く、経費精算でも結構な頻度で間違いを起こします。

上司が何度か注意をしたのですが、一向に改善する様子が見られません。

「どうして、そんなミスをするの？」と聞いても、「課長が資料の提出を急がせるから、こうなるんじゃないですか！」などと、逆切れをするありさま。

「前の部署では、こんなミスはしなかったんです」

「前の課長は、こんなに細かいことを言う人じゃなかったですよ」

挙げ句の果てにはこんな不満をぶちまけ、上司との関係はますます険悪になってしまいました。

上司も職場のメンバーも、Gさんの扱いに頭を悩ませています。

ケアレスミスはADHDの特性であり、**本人に注意するだけでは改善は期待薄**です。

この場合、上司は「なぜできないんだ？」と問いただすのではなく、**どうしたらできるのかを一緒に考えていく**姿勢が求められます。

どうしてもうまくいかない業務については、ほかの社員に担当してもらうことを考えた上で、Gさんには、何度も繰り返し「意識づけ」を行うことで自覚を促します。

「どのような状況になると、ミスを起こしやすい？」

「どこを工夫するとミスがなくなると思う？」

「そのために、私たちが手伝えることがないかな？」

といった具合に、**できるだけ本人にミスを防止する方法を考えてもらいます**。同時に、**孤独感を与えないようにこちらが協力する意思を示す**のも大切なポイントです。

ミスを注意しても、本人の自尊心を損ね、自己肯定感を下げるだけです。

できている部分に目を向け、しっかり褒めてあげる。そうすると、「できることを頑張れば評価してもらえる」とわかってくれるようになります。

困ったさんのケアレスミスをカバーするために、周りの人がミスをチェックするなどのサポートも大切です。ただし、同時にサポーター役の人のケアも求められます。

私が知っている例では、**ケアレスミスが多い困ったさんをカバーするメンバーの中に、うつ病を発症する人が出ました。**ミスのチェックが過度な負担となっていたのです。その部署は慢性的に人員が不足していて、部署全体の業務が逼迫《ひっぱく》している状況もマイナスに働いていました。人員不足については組織の問題とはいえ、メンバーの中にも仕事は完璧でなくてはいけない、と考える人が多くいたようです。

ミスをカバーする人がきっちりしすぎると、ストレスになります。

「このくらいなら間違っていても影響ない」

と、**ある程度割り切って手を抜く発想も必要**です。

ぜひ身につけていただきたいのは「**笑い飛ばす能力**」です。ミスが出たらあまり深刻に受けとめず、「しょうがないな」「まあ、このくらいはいいか」と許容する。

大きな支障にならない限り、上司や周りの人たちが、そんなゆるいスタンスで関わることも、うまくやり過ごすコツではないでしょうか。

Point

✓ ADHDの人のケアレスミスは、注意するのではなく、改善策を一緒に考える。

✓ できている部分に目を向け、褒めることも忘れない。

✓ 周りの人のサポート体制が必須だが、サポートする側のケアも怠らないで！

Case 8

机の上はまるでゴミ箱!? 片づけられない症候群

タイプ2 ADHD

片づけが苦手なHさんの机の上は、「ゴミ屋敷」を再現したかのような散らかりようです。書類や筆記用具、事務用品などが乱雑に置かれているだけでなく、食べかけのお菓子の箱や飲みかけのペットボトルも散乱しています。

Hさんが片づけられないのは、次々と興味・関心の対象が変わるからです。

たとえば、ペットボトルのお茶を飲んでいるとき、誰かから話しかけられると、キャップを開けたままペットボトルを放置。話が終わったときには、すっかりペットボトルの存在を忘れてしまっているといった具合なのです。

職場の同僚が「ちょっとくらい片づけたほうがいいよ」と言うと、「そうだよね。わかった」と素直に返事をするのですが、いつまで経っても片づけをする気配はありません。

そんなある日、ついにHさんが大事な契約書をなくすという大事件が発生。部署のメンバーを巻き込んで、大騒ぎで書類を捜索したところ、デスクに積み重なった書類の山の中から出てくるという、想像通りの結末を迎えました。

この一件以来、周りの人たちは、ますますHさんに冷ややかな視線を向けるようになり、今日もゴミ屋敷のような机を、呆れたように眺めています。

Hさんに自分で片づけをさせようとしても無理なのは、職場の全員がわかっているはず。こういった場合は、やはり**周囲の人が整理しやすい環境を整えてあげる**しかありません。

具体的には、トレイやファイル・収納ケースなどを用意し、モノの所定位置を決めて本人に示します。

「このトレイには、今日やる仕事のファイルを入れてください。で、こっちのトレイは明日以降の仕事のファイルを入れてね。こうすれば、今日やる仕事がハッキリわかるでしょ？」。言葉だけではなく、目印となる付箋やシールも蛍光色を活用するなど、色・形で分けて区別するとわかりやすいでしょう。

もちろん、箱を作っただけで本人が完璧にルールを守るようになるわけではありません。それでも、ルールを作っておけば、周りの人もサポートしやすくなります。


物理的に「箱を作る」「トレイを用意する」だけでなく、**整理するときの考え方を示してあげる**ことも効果的です。

ＡＤＨＤタイプの人は、**机の上だけでなく、頭の中を整理するのも苦手**です。

そこで、「あなたが今日する仕事は○○。明日は□□。来週は△△」といった具合に、思考を整理してあげるのです。また、苦手なことほど先延ばし傾向があるので、「後で片づける」ではなく、「今、元に戻しておく」を徹底することが大切です。

ADHDタイプは「上書き脳」なので、**時間が経つとその前に頼まれたことを忘れてしまいます**。そのせいで、やり残した仕事が放置されて机の上が雑然となります。

まずは整理上手な同僚を隣席に配置し、不要なものは捨てる、重要なものは残す、などの習慣づけを徹底させると、片づけもスムーズにできるようになるでしょう。

Point

- ✓ 片づけが苦手なADHDの人の対策は、周囲が率先して整理しやすい環境を整えよう。
- ✓ 物理的な環境整備のほか、整理するときの考え方も示すとよい。

Case 9

いつも探しものばかりしている

タイプ❷ ADHD

職場でいつも「財布がない！」「スマホはどこ？」「ファイルが見つからない」と騒いでいる人がいます。営業部のIさんです。同僚が「またなくしたんですか？」と呆れ顔で言っても、本人はまるで平気な様子。数時間も経てば、同じことを繰り返しています。

最初のうちは一緒に探していた同僚たちですが、一日に何度も起きるので、最近では知らんぷりをするようになりました。

個人の持ち物ならなくしても自己責任で済みますが、先日は大切な仕事の書類を電車の網棚に置き忘れて、大騒動になりました。

会社でも指導のしようがなく、対応に困っています。

ＡＤＨＤタイプの困ったさんに、忘れものやなくしものが多い背景には、次のような原因が考えられます。

①深刻な悩みごとがある
②いくつも業務を抱え込んでいるので、気が回らない
③ワーキングメモリ値が低い
④頭の中が整理されていないので、集中できない
⑤出合ったものに次々と興味がわく

いずれにしても周囲の人間が配慮して、原因を取り除くことが必要です。

本来は環境調整という組織の問題として整えるべきですが、個人でもできることはあります。

①悩みがあるようなら、一度じっくり話を聞いてあげましょう。相談室や外部カウンセラーとの連携がある企業は、利用を促します。

②業務が滞っている場合は、整理する必要があります。まずどの仕事をどういうふうにやっているのか、現状把握から試みます。能力があると思うと、会社は次々に仕事を与えがちです。ひとつのタスクが終了したのを確認してから、次の指示を出しましょう。

③もともと忘れっぽい人の場合は、環境調整の工夫が求められます。たとえば「財布はここ」「スマホはここ」などのように、特定の置き場所を決めます。ファイルなどは用件別に色を変えたり、誰の目にもわかりやすいように大きなラベルを貼ったりします。お互いに声かけをして、注意喚起をしましょう。

④興味がわくとどこまでも突っ走る特性がありますから、上司や先輩は「立ち止まる」ことを教えましょう。横からストップと言えばOKです。

ADHDタイプの場合、実は、本人が一番ミスを気にしています。責める口調は今後の挑戦意欲をそぐことになりかねません。

思いやりのある声かけが、改善につながるのです。

Point

✓ 探しもの・なくしものが多い背景に目を向け、原因を取り除こう。

✓ ADHDタイプはシングルタスクに集中させて、ひとつずつ達成を。

Case 10

同僚の功績を平気で横取り

タイプ❷ ADHD

メーカーの法人営業部に勤務しているJさん。ある日、外回りの仕事からニコニコしながら戻ってきました。よほどうれしいことがあったようです。

Jさんはまっすぐ上司の席に向かい、こんな報告をしました。

「課長、今日○○社さんで新規の注文を受注しました！」

それを聞いた先輩のKさんの顔が、一瞬にしてこわばります。

「おい、今○○社って言ったか？」

「はい。○○社さんで注文をいただいたんです！」

にこやかに返答するJさんに対して、K先輩は怒り心頭です。

「○○社は僕が担当しているお客さまだよね。なんの断りもなく営業するのは、ルール違反じゃないのか。本来は僕にひと言断るべきだろ？」

それを聞いて、さすがにバツの悪そうな表情をするJさん。

「すみません。ちょうど納品する予定があったので、つい新商品をおすすめしてしまいました。以後、気をつけます」

しかし、Jさんの反省は長続きしなかったようです。後日、また同じようにK先輩の顧客に営業をかけて、激怒させてしまいました。


ADHDの特性として**「悪気はない」けれど思いつきで行動する**ところがあります。Jさんには「先輩のお客さんを横取りしよう」とか「周りの人を出し抜いてでも成績トップになってやろう」といった野心家な側面はまったくありません。

単純に、仕事に対して一生懸命なだけ。「お客さまに自社の商品を利用していただきたい」という一心で取り組んでいて、「〇〇社の担当はK先輩だから遠慮しておこう」と考えることができません。

悪気があるどころか、むしろよかれと思って行動した結果、先輩の怒りを招いてい

るのです。

ですから、周囲はＪさんに悪気がないことを理解し、**行動は叱っても人格を否定しないようにする**ことが大切です。先輩としては「結果的に会社にプラスになっているし、まあ仕方がないな」で済ませるくらいの余裕を見せたいところです。

とは言え、Ｊさんのせいで先輩の評価が下がってしまうとすれば、先輩も心穏やかではいられないでしょう。

そこで上司には、Ｊさんに自由に仕事をさせる代わりに、**チーム全体の売り上げで評価するなど、Ｊさんに顧客を横取りされたメンバー評価が下がらないような配慮**をすることが求められます。

Point

- 仕事に一途なADHDの人は、悪気なく人の手柄を取ってしまうことがある。
- 周囲は行動を否定せず、大人の余裕で対応したい。
- 会社側も、チーム全体の成績で評価するようなしくみを。

Case 11

正義感に燃えると上司にも食ってかかる！

タイプ2 ADHD

総務部で社員研修を担当しているLさんは、先日行った研修のアンケートを集計しています。

結果から、改善すべき箇所を上司に提案しましたが、上司は上の空です。

頭にきたLさんは、

「課長！　やる気あるんですか!?　この研修をアンケートにあるように修正しないと、なんの効果も出ません。これが会社にとって一番よい方法なんですから、今すぐ着手してください！」

とまくしたてました。

「そうは言っても、来年度の予算と発注先は決まっているんだから、無理だよ」

と課長が言っても、怒りは収まらず、主張を曲げようともしません。

課長は「またか……」と、面倒くさそうな顔をしています。Lさんがこんなふうに言いだすと、感情的になって、しまいには欠勤してしまうからです。

「正義」は、人それぞれの心にあります。そして、その信念が実現すればよいのですが、会社には会社の都合がありますし、不条理であっても組織に従わなくてはならないこともあります。

でも、ADHDタイプの人たちは、**自分の意見が正しいと思うと、他人の考えを聞かない頑固なところ**があります。「絶対にこうしなければいけない」と主張して、その結果、まるで小学生同士のようなケンカに発展してしまうのです。

意見はもっともであっても、組織で一度決議されたことをくつがえすのは、そう簡単ではありません。

上司は、そのたびに会社の事情を説明して納得してもらおうとするのですが、Lさんは決して納得することはなく、不機嫌さをあらわにして席に戻っていきます。

ただ一方で、**ＡＤＨＤタイプはあっけらかんとしているので、怒りや不機嫌な感情を引きずらないという特性もあります。**

そのため、時間をおいてから話をしようとすると「え？　私、そんなこと言いました？」という反応をします。自分の言ったことを完全に忘れているのです。

周囲は拍子抜けをすることになりますが、そんな忘れっぽさもうまく活用しながら、やり過ごす工夫が必要でしょう。

ＡＤＨＤタイプへの対策として、周囲の人は、相手が正しいと思っている内容の背景（どうしてそう思うのか）を十分に聞きだすところから始めましょう。

話したいだけ話したら気持ちがスッキリして満足する、という場合がほとんどです。

Point

- 正義感が強いADHDの人は、他人の意見を聞かない頑固な面がある一方、忘れっぽい部分もあり、ネガティブな感情を引きずらない。
- 話したいだけ話したら、気持ちがスッキリして満足することも。

Case 12

ランチタイムがとにかく怖い

タイプ③愛着障害

ある会社で、急に無断欠勤をするようになり、そのまま会社に出社できなくなった男性社員Mさんがいました。

Mさんは、常におどおどしていて自信なさげな様子です。実は、彼はランチを誰とどこに食べに行くかを考えるのがつらくて、ランチの時間が近づくと不安になるという問題を抱えています。

「今日は上司と食べに行ったほうがいいのだろうか」「この前は先輩がおごってくれたから、お返しに自分もおごらなければいけないんだろうか。でも給料日前でお金もないし……」。考えれば考えるほど苦しくなり、自分で解決することができません。

ついにはお昼ごろになると仕事が手につかなくなり、ストレスで出社できなくなる状態に追い込まれてしまいました。職場の人たちは呆然《ぼうぜん》とするばかりです。

「ランチタイムが怖い症候群」と呼ばれる症状を抱える人たちがいます。**ランチをどこで誰と食べるかを考えようとすると、焦《あせ》りや不安を感じる心理状態**のことです。

Mさんのケースは、まさにこれでした。

この会社の産業カウンセラーが詳しく話を聞いたところ、**Mさんのお母さんは過保護・過干渉気味で、Mさんのやることすべてに口を出していた**といいます。

これは愛着障害かもしれないと、産業カウンセラーは思いました。Mさんは、社会に出るまで自分で考える経験をしてきませんでした。ですから、**見た目は立派な大人でも、自我はまったく育っていません。**

Mさんは、自分が何もできないのは母親のせいだと恨みながらも、その母親から離れられない自分にも苦しんでいました。**人との距離感がまるでわからない**のです。

それが社会人になってから、**不安・葛藤《かっとう》というかたちで現れた**のでしょう。

この場合、Mさんと上司が面談の場を設けたとしても、スムーズに問題を解決に導くのは難しいでしょう。面談を行えば、上司はMさんがランチタイムを怖がっているという事実までは知ることができるかもしれません。けれども、Mさんと母親の関係に根本原因があると気づくのは、ほぼ不可能と思われます。

こういったケースでは、この事例のように**産業カウンセラーを仲介者とする方法が有効**です。時間はかかりますが、カウンセラーが「じゃあ、あなたはどうすると心地いい？」「これからどうしていくともっとうれしい？」といった問いかけを通じて、**Mさんの自我をじっくり育てる（育て直し）役割を担っていく**ことになります。

また、Mさん本人の許可を得た上で、カウンセラーが上司と情報を共有し、「もう少しMさんの自我が育つのを待ってほしい」「Mさんに対して細かいことは詮索しないでほしい」などと伝え、協力を求めることも重要です。

上司が自分だけで問題を解決しようとして無理をすると、上司自身も心に不調をきたすおそれがあります。ですから、専門家の力を借りつつ、困ったさんが職場復帰できるようにサポートしていくのが望ましいでしょう。

Point

- 親が子どもを過保護・過干渉に育てると、子どもは自我が育たないまま成人する。
- 周囲が困ったさんのサポートをしようとすると、心に不調をきたすケースも。
- できれば産業カウンセラーを間に入れ、ゆっくり困ったさんの自我を育てていきたい。

Case 13

後輩に追い越される…！と不安でしょうがない

タイプ③ 愛着障害

入社2年目のNさんの事例です。Nさんは、新入社員として一生懸命仕事に取り組んできました。大きなミスもなく、上司からの評価も決して悪くはありませんでした。

ところが、そんなNさんに突然、変化が起こります。ある日、上司が、「4月からは君も2年目だ。後輩も入ってくるし、もう新入社員じゃないんだから、先輩社員として自覚を持って頑張ってね」と声をかけたところ、Nさんは急にオドオドした態度になりました。その日から、自信を失ってしまったようで、仕事でもミスを連発しています。上司は「どうしてこんなことに？」と頭を抱えています。

「いとこの○○ちゃんは□□大学に行ったのに、どうしてあなたは勉強できないの?」
「弟はスポーツ万能なのに、お兄ちゃんのあなたは……」

このように、**何かにつけ他人と比較されながら育った人**は、成人しても常に他人を意識し、「自分は周りと比べてどうなのか」と、気にするようになります。

実際、私のところにも「後輩が私より評価されたらどうしよう」「後輩に追い抜かれるのが怖い」という悩みを抱えて相談に来る人が少なくありません。

本来は、周りを意識せずに自分の仕事に淡々と取り組めば、スキルは自然と上達します。でも、Nさんに「目の前の仕事に集中しなさい」と言っても、なかなかうまくいかないでしょう。

愛着障害の人は自分を信じることができません。常に誰か(何か)と比較して、自分はこうだ、と立ち位置を決めます。それは**身近な大人が、あるがままの自分を受けとめてくれなかった過去が背景**にあります。

たとえば、小学生の頃にテストの答案や通知表を親に見せたとき、あなたはなんと言われたか覚えていますか?

体育でかけっこが10点満点だったけれど、国語の漢字は2点。「どうしてこんなに漢字が書けないの！　ほかの子はもっと書けるよ」と言われたらどうでしょう？　「あ〜あ、自分はダメだな……」と思ってしまいますよね。それよりも「**漢字はいまいちだったけれど、かけっこはすごいね！　走るのが楽しくなるよね**」と言われたら、自信（自分だってできるんだという思い）がつくでしょう。

愛着障害の人には、この自信がありません。「隣の○○ちゃんより速く走ったんだね」と、**褒められても、基準は○○ちゃんなので、常に○○ちゃんを意識**し、自分らしく生きられないのです。

このように、愛着障害の原因は、**幼少期に親または親に代わる身近な大人に、求めても得られなかった愛情の課題**です。大人が愛さなかったということではなく、**本人の求める愛情と食い違いがあった**ということです。根本的解決が必要ですから、**医療機関やカウンセリングの紹介を前提に、じっくりと話を聞く**ことが必要です。

Point

✓ 他人と比較されて育った人は、常に他人を意識し、自分に自信が持てない。

✓ 根本的解決には医療機関やカウンセラーを介して、本人からじっくり話を聞こう。

Case 14

母親と似ている女性上司とうまくいかない

タイプ3 愛着障害

Pさんは、30代の中堅男性社員。仕事はそつなくこなすタイプであり、職場で孤立することもなく、同僚や後輩たちとの人間関係も良好です。

ただ、Pさんはひとつ大きな問題を抱えています。上司と衝突してしまうことがあるのです。すべての上司とうまくいかないわけではないのですが、過去にひとりの女性上司との関係が悪化し、トラブルに発展したことがありました。

今回、人事異動でPさんの部署に新しく女性上司が配属されました。彼女は仕事もでき、管理職としてのスキルも身につけています。チームのメンバーたちはすぐに彼女になじんだのですが、Pさんだけは違いました。

Pさんはことごとく上司の言うことに反発し、指示に従おうとしません。

周囲の同僚がとりなそうとしても、かえって怒りだす始末。上司もチームのみんなも、ほとほと困り果てています。

カウンセラーがPさんにカウンセリングを行ったところ、Pさんは**母親との関係に問題**を抱えていることがわかりました。

Pさんが子どもの頃、母親が父親とは別の男性（職場の同僚）と付き合うようになり、父親と離婚。その男性と再婚しました。それが原因となり、**Pさんは仕事のできるビジネスウーマンタイプの女性上司に自分の母親を重ね、嫌悪感を抱くように**なったようです。

カウンセリングの中で、Pさんは母親と似たタイプの女性を苦手としているけれど、母親と違うタイプの女性とは険悪にならずに済んだことに気づきます。

人間関係の背後に母子関係があるとわかったことで、上司との関係も改善されていきました。**母親と上司は別の人格であることを理解した**からです。

今回のケースばかりではなく、**親子関係に起因する人間関係のトラブル**は、男女に関係なく、企業や組織内でも多いと感じます。

こういった問題は、周囲が自分たちだけで抱え込むのではなく、**メンタルヘルスの専門家（産業医、産業カウンセラーなど）に相談**するのが一番です。**会社や組織にできること・できないことをはっきりさせて取り組み**ましょう。

困ったさん本人を変えるということではなく、相手の置かれている立場や背景を理解するためにも、**生育歴とコミュニケーションの関係について、本や講座等で学ぶことをおすすめします。**それが社員のメンタルヘルス予防につながるでしょう。

そして過去を話してくれた相手には、「よく相談してくれたね」「大変だったね」「ひとりでいろいろ頑張ってきたんだね」といった、**ねぎらいの言葉をかけてあげる**とよいでしょう。

Point

✔ 親子関係に起因する愛着障害は、人間関係のトラブルを引き起こすことが多い。

✔ できること・できないことをはっきりさせて、メンタルヘルスの専門家の活用を。

Case 15

ネガティブ思考の同僚に行動を促すには？

タイプ3 愛着障害

誰かに相談しても、どんなアドバイスをもらっても「でも」「どうせ」「だって」「だめ」「〜だから」と、すべてを却下する困ったさんがいます。

入社7年目のQさんもそんな一人です。同期の社員が忙しい様子を見かねて「そんなに自分ひとりで抱え込まなくても、誰かに頼んで一緒にやってもらったらどうか？」と助言したのですが、「でも、みんなも時間が足りなそうで悪いから」とか「僕がお願いしても、どうにかなるものでもないし」と言って、行動に移そうとはしません。そのうち、「胃が痛い」「頭が痛い」と言うようになり、会社を休みがちになりました。

ここまでくると、同期の社員や先輩たちもどうすることもできず、見守るしかありません。

愛着障害タイプの人の中には、自己信頼が難しくなり、**5D（でも、どうせ、だって、だめ、～だから、などの否定的な言葉）が口グセ**になっている人がいます。

「こうしたほうがいい」とアドバイスされてもすぐに却下するのは、**基本的に自信がなく、何をしてもうまくいかないと思うクセがついている**からです。

そういう人にはただ励ますよりも、率直にこう言いましょう。

「私はいくつも方法や手段を提案しているけれど、あなたはどれも否定する。せっかく一緒に考えているのに残念だけれど、もう私にはあなたがOKを出す提案はできそうにないかな」

そして質問を続けます。

「けれども、今まで私が提案したもののうち、どれだったら少しでもやってみようという気持ちになる？」

たいていの人は、何もないところからアイデアを創造するのは難しくても、**いくつかの選択肢からひとつを選ぶことなら簡単にできます。**

そこで、選択肢をいくつか出しながら、取捨選択を繰り返して、最終的に自分の「意思」を見つけられるように導きましょう。

周りが「どうして、いつも他人の言うことを否定するのか！」と非難し、本人から「できない理由」を引きだすことは対処法にはなりません。それよりも**達成のための「リソース（資源）」を一緒に探す**ほうが有益でしょう。

自信のない人は、**「手が届かないほどの理想像」というお化けを自分の中に勝手に創りだしている**ことがあります。近づきたいのに、遠すぎて苦しくなるのです。

試しに「誰と比べて、できないと思うのか」と尋ねて、「（20年先輩の）××さん」や「著名人の○○さん」が登場したら、「それはできて当たり前の人だね。あなたは何年経ったらそうなっていたい？」と、今すぐに実現できないことを理解させましょう。

間違っても「どうして△△さんのようにできないの⁉」と責めて、お化けを創りだす手伝いをしないことです。

Point

- 自信がない人は、手の届かないような高い理想像を自分の中に創り、その「お化け」に支配されていることがある。
- 理想と現実を線引きし、困ったさん本人が現実的な選択肢から「意思表示」する訓練を。

Case 16

根性論の同僚とうまくいかない

タイプ❹ トラウマ障害

Rさんは入社3年目。最近、同僚と激しい口論を交わして以降、様子がおかしくなり、仕事を休みがちです。

口論のきっかけは、ちょっとしたことでした。

「働き方改革なんてぬるいよな。成長には残業も必要なんじゃないか？」

何げない会話の中で同僚がこう言ったのを聞き、Rさんは大激怒。

「おい！　何を言ってるんだ！　そんなの時代錯誤なんだよ！」

あまりの剣幕に、同僚だけでなく、職場の全員が固まってしまいました。

それ以来、Rさんは同僚を避けるようになり、業務にも支障が出ている状況です。困り果てた上司がカウンセラーに相談し、カウンセリングを行うことになりました。

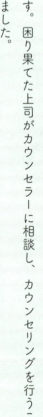

これは、まさに私自身が顧問カウンセラーとして対応した事例です。話を聞く中で明らかになったのは、**Rさんの生育環境に問題があった**ということ。Rさんは深く傷ついていたのです。

Rさんのお父さんは、昭和的な根性論の持ち主。子どもの頃からRさんを厳しく育て、暴力を振るうこともしばしばあったそうです。

根性論者の父親にトラウマのあるRさんは、同僚の根性論的なスタンスに過敏に反応し、反抗的な態度でトラブルを起こしたということです。

人格形成に親子関係や親の人生観、生活態度が大きく影響した場合、子どもはそれがトラウマとなり、「父親（母親）のようになりたくない」と思うようになります。でも、いざストレスのかかる状況になると、結果として似たような選択をしてしまうことが多々あります。

たとえば、「絶対に父親のようにアルコール中毒になりたくない」と、お酒と距離を取っていた人が、何か問題に直面したときにお酒に救いを求めてしまう、というようなケースです。

どうしてそうなるかといえば、「父親は嫌なことがあったらお酒に逃げていた」という情報が強力にインプットされているので、同じようなことが起きたときに、無意識のうちに自分もお酒に逃げる選択をしてしまうのです。これもトラウマ障害のひとつの症状です。

根性論者の父親に厳しく育てられたRさんの例も、トラウマ障害の可能性があります。**親子関係に深い傷を負ったまま成長したため、未消化の思いが解決されず、言動にマイナスの影響を与えています。**

この場合、まず上司や同僚が話を聞くことになると思いますが、おそらく解決には至らないでしょう。そこで、産業医や精神科医（主治医）、産業カウンセラーなどが連携してサポートしていくことになります。

仕事仲間にできることとは、**困ったさんを責めたりバカにしたりせず、温かい目で見守ること。そして、傷口に塩を塗るような経験をさせないよう配慮すること**です。

Point

✓ 親子関係や生育環境に根深い問題があると、「トラウマ障害」になりやすい。

✓ 周囲は困ったさんを責めたりバカにしたりせず、温かい目で見守ること。

✓ 上司や同僚が話を聞いても解決には至らないので、専門家のサポートを頼む。

Case 17

人の手柄を横取りしてでも評価されたい

タイプ④トラウマ障害

Sさんは、この春から新しく課長に就任しました。けれども、課長になってからのSさんの態度には周囲の人が「あれっ？」と感じることが増えています。

特に問題視されているのは、Sさんが部下の手柄をすべて横取りして、さも自分が結果を出したかのように振る舞うことです。

それどころか、部下をけなして「〇〇さんは実力的に未熟な部分が多いので、私がしっかり指導していきます」などと上司に言うこともしばしばです。

振り返れば、Sさんはもともと上昇志向が非常に強く、同期の社員を露骨にライバル視するところがありました。ただ、プレイヤーとして優秀だったため、今までは「勝ち気なところが持ち味」など、ポジティブに評価されていたのです。

しかし、このまま放置したら、部下の離職につながるおそれも出ています。

本人の話によると、Sさんは非常に貧しい家庭に生まれました。小学校高学年の頃、母親が家を出てしまい、そこから父と2人の生活が始まったといいます。そんな中、父親が病気を理由に失業したことで一気に家計が苦しくなり、一時期は家を失い、公園で寝泊まりしていた時期もあったとのことです。

生活保護の助けを借りながら中学を卒業したSさんには、アルバイトをしながら苦労して高校、大学に通った努力家の側面があります。

ただ、**小さいときに欲しいものがまったく手に入らず、食べたくても食べられない時期を過ごしたせいで、Sさんは「どんな手段を使ってでも生きていかなければならない」**という考えを強く持つようになりました。

部下の手柄を横取りしてアピールしていた背景には、こういう事情があったのです。

人は自分が幸せなときには、周りの人にも幸せのお裾分《すそわ》けをすることができます。でも、Sさんの場合は自分が満たされていないので、「私が一番。私をもっと褒めてほしい」という「**もっともっと病**」に侵されています。

こういう場合、周囲の人はSさんの味方をする必要はありません。ただ、**中立的な立場でSさんの話を聞く**ことをおすすめします。

ポイントは**相手の言ったことを否定しないこと。** これは「そうですね」「あなたの言う通りです」などと、意に反した迎合をするのとは違います。

「Sさんって、そういうハードな経験をしているんですね」「大変なことがありましたね」「もしSさんのような立場なら、つらいですね」。このように**共感的理解を示す**ことで、徐々に信頼関係を築くことができます。

ここで強調しておきたいのは、前章でも述べた通り、**共感的理解は共感とは違う**ということです。

人の気持ちや固有の体験は、その人自身のものであり、第三者にわかるわけがありません。つまり、人は他人に真の共感などできないのです。

ですから、困ったさんの話を聞くとき、**カウンセラーは「わかる」という言葉を使いません。** その代わりに、本人が話した内容をまとめてフィードバックしていきます。

私たちは、共感はできなくても想像することはできます。 想像力を働かせることで「それは大変でしたね」という言葉をかけられるようになるはずです。

Point

- ✓ 幼少期に経済的な困窮を味わったことによるトラウマ障害は、手段を選ばない「自分アピール」へと発展するケースも。
- ✓ 相手の話を聞くときは中立的な立場に徹し、共感的理解を示す。

Case 18

いつも注目されていないと気が済まない

タイプ4 トラウマ障害

「Tさん、どこか体の具合が悪いんじゃない?」

上司がTさんに声をかけました。

Tさんは入社3年目の女性社員。いつもブランド品を身にまとい、職場ではファッションリーダー的な存在でしたが、ここ最近はおかしなところが目立つようになりました。

最大の異常は、急激にやせたことです。目の周りはくぼみ、肌にはハリがなく、歩いている姿はお化けのようです。当然仕事にも集中できず、ミスを繰り返しては周りの人たちに迷惑をかけています。

職場のみんなは、「重篤《じゅうとく》な病気じゃなければいいけど」と心配しています。

Tさんは小学校の頃に肥満傾向があったので、みんなが普通に授業を受けている最中に、自分だけが保健室に呼び出され、保健指導を受けた経験があるそうです。

それ以降、「太っているから自分はダメな人間だ」という意識を持つようになり、中学生になってからは拒食症になりました。高校生になってからは以前よりも食べられるようになったものの、大学生になると今度は一転して過食症に苦しむようになったといいます。

Tさんのように、**自分の体型やルックスを非難されたりバカにされたりした経験をした人の多くが、強い劣等感を持ち、それがトラウマ体験となる**ことがあります。

Tさんは周りの人が自分のことをどう見ているかが気になり、ブランドもので着飾るようになりました。それ以来、みんなの注目を集め「おしゃれ！」「素敵！」などと褒められないと、気が済まないようになったのだそうです。

これは「**ルッキズム**」がトラウマ障害の背景にあります。

ルッキズムとは、**見た目や容姿を基準に、いい／悪いの判断をしたり、差別をする**

思想や言動を言います。今でこそ、そうした風潮は忌避すべきものとなり、メディアでの取り上げ方も配慮されるようになりましたが、Tさんが小学生だった頃は、まだルッキズムという言葉が一般的ではない時代です。現代であればそこまで気にすることはなかったかもしれませんが、当時まだ小学生だったTさんの心が大いに傷ついたであろうことは、容易に想像ができます。

Tさんの場合は、社会の価値観がトラウマを生み出した事例と言えるでしょう。

トラウマ障害の治療には長い時間を要します。Tさんは、病院で拒食症の治療を受けるのと並行して、カウンセリングによって心の傷と向き合っています。

こういうケースでは、**困ったさんの過去にいろんな事情があることを周囲の人たちが理解するだけで、治療の一助となる**ことがあります。

Point

✔ 幼少期に自分の体型やルックスをバカにされたことがある人の多くが、強い劣等感を持ち、トラウマになることがある。

✔ トラウマ障害の治療には長い時間がかかる。

✔ 周囲が困ったさんの事情に理解を示すだけで、治療の一助になることも。

Case 19

被害者意識から逆恨《さかうら》みに発展

タイプ④トラウマ障害

Uさんは、隣の課のVさんのことを「ちょっと変わった人だな」と思っていました。パソコンに向かっているときも、職場内を歩いているときも、よくわからないことをブツブツ言っています。ただ、仕事で関わる機会もないので、深く意識することはありませんでした。

そんなUさんは、ある日、同僚から思いも寄らないことを尋ねられました。

「Vさんが『Uさんに出世を邪魔された』と言っているけど本当なの？」

そもそもUさんは、Vさんとほとんど話したことがありません。「出世を邪魔された」と言われても、思い当たることはありません。同僚に確認してもらったところ、VさんはUさんが所属している広報部に異動願いを出していたそうです。

でも、広告代理店に勤務していたUさんが中途採用で入社したため、願いが叶わなかったのです。

完全な逆恨みですが、「Uさんが入社しなければ、希望の仕事もできて出世コースに乗れたのに」と憤《いきどお》っていたそうです。この先、Vさんとどう接すればよいのか、Uさんは悩んでいます。

被害者意識の強い人とは、**自分の身に起こった出来事を一方的に解釈し、本当は被害を受けたわけではないのに被害を受けたと思い込む人**のことです。

「あの人はいつも私をバカにしている」「彼女は僕を軽蔑している」こういった思いを抱き、感情的になって愚痴や不満を口にします。

被害者意識を持つ原因はさまざまですが、たとえば職場でひどいパワハラを受けたことがトラウマとなり、自信を失ったことでちょっとした言動にも「あの人は自分を嫌っているのではないか」「あの人は自分を攻撃している」などと思い込むのです。

たとえば、自分が給湯室の前を通ったときに、たまたまそこにいた人たちの話がやむときがあります。たまたま話題が途切れただけなのですが、「自分が通ったから話をやめたんだ」「あれは絶対、私の噂をしていたに違いない」と、本気で思い込んでしまうのです。

被害者意識が強い人は、**組織内で特定の人を逆恨みしたり、ストーキング行為に及ぶ**ことがあります。逆恨みやストーキングの対象となる人は、自分の身に覚えがなくてもターゲットになり得るのです。

こうした問題行為が続く場合は、すぐに社内のコンプライアンス部門やハラスメント窓口に相談してください。

今回のようなケースでは、くれぐれも**相手と2人だけで話し合いの場を持ってはいけません。**話し合いをするにしても、上司に相談した上で、**数人で接する**ことが基本です。

また、相手の態度が豹変したり、少しでも身の危険を感じたりしたら、顔を合わさず距離を取りましょう。協力が得られるよう、周囲の人に状況を伝えておくことも重要です。

Point

- 被害者意識の強い人は、事実を一方的に解釈し、逆恨みやストーキングに発展する場合がある。
- ターゲットになった場合は、相手と2人だけで話し合いをせずに、数人で対応を。

Case 20

問題が起きたらすべて他人のせい

タイプ4 トラウマ障害

職場でも有名な「言い訳魔」のWさん。ミスをしても絶対に素直に謝ることはなく、いつも他人のせいにします。

「○○さんの指示に問題があったからです」

「××さんから別の仕事を押しつけられたから、集中できなかったんです」

Wさんの態度には職場のみなが反感を抱いています。すでに彼は職場で孤立していますし、このままでは職場全体の士気にも関わります。

見るに見かねた部長が、Wさんに苦言を呈しました。

「ミスは仕方ない。でも、周りの人のせいにするのはよくないんじゃないかな」

しかし、これが逆効果となり、Wさんは逆ギレ状態に。

「部長は、ミスの原因をつくった人の味方をするというんですか！　信じられない！　どうして、真面目に仕事をしている私が悪者扱いなんですか？」

あまりの剣幕に部長は恐怖を感じ、何も言うことができなくなりました。


Wさんは小学生のときからずっと水泳を習っていたのですが、このときの水泳のコーチが非常に厳しい人で、練習のたびにいつも激しく叱られていたそうです。

それが原因となり、叱られることに恐怖を感じるようになり、ミスをすると叱られたくないばかりに他人に責任を押しつけるクセが習慣化してしまったようです。


過去に強い叱責を受け続けた人の中には、自信を失い卑屈になっていく人もいれば、Wさんのように言い訳がクセになる人もいます。人間には、**大きなショックを受けたときに、心が壊れるのを防ぐため、うまくごまかそうとする心のシステム**があります。

これを、心理学では「**自我の防衛機制**」と呼んでいます。

この場合、時間がかかるかもしれませんが、**カウンセリングマインド、つまり受容**

と共感的理解を示しながら、Wさんの話を聞くことがひとつの方法です。

まずは上司がじっくり話を聞き、「**そうか、大変だったね。僕だってそんなことされたらつらいよ**」と声をかけるうちに、徐々に信頼関係ができていきます。

それが突破口となって、ほかのメンバーともしだいに信頼関係を築くことができます。

「僕にはなんでも話してくれてありがとう。うちのメンバーの中で、あなた自身のことについてほかに話ができる人はできましたか？」と問いかけて、「まだです」と返答されたら、そのまま上司が話を聞く必要があります。

「Xさんは、最近やさしいです」と言ってくれたらチャンスです。「そう。Xさんとはどんな感じで会話をしているの？　よければ今度Xさんも一緒にランチでも行こうか」などと提案します。このように、ひとりずつとゆっくり距離を縮めていくのです。

どこかよそよそしい現代社会において、**勇気をもって、プライベートに踏み込む**上司が増えないかぎり、Wさんのような困ったさんはいなくならないでしょう。

せめて本書を手に取ったあなたは、困ったさんたちの言動の背景には**さまざまな生い立ちや環境、過去の体験が隠れている**ことを知っていただきたいと思います。

Point

✓ ミスを恐怖に感じるトラウマ障害タイプは、「自我の防衛機制」が働いている。

✓ こういう人には一歩踏み込み、カウンセリングマインドで「共感的理解」を示そう。

Case 21

上司や同僚を敵・味方に分けたがる

タイプ4 トラウマ障害

Yさんは、職場の上司から要注意人物と見なされています。というのも、一部の親しい同僚とは非常に仲よくやっているのとは対照的に、そのほかの人にはあからさまな敵意を見せるのです。

敵視する対象は同僚だけでなく、後輩や別の部署の人にも及びます。

相手の嫌な部分を取り上げて、「あの人は本当にどうしようもない」などと一方的に評するので、敵意を向けられた人はたまったものではありません。

最近も敵意を向けられた後輩のひとりが「もうYさんと一緒の職場で働くのは無理です」と上司に訴えてきました。後輩の配置転換をすれば、目の前の問題は解決しますが、今度は別の人が攻撃を受けるのは火を見るより明らかです。

「どうにかならないかな……」。上司は、今日も頭を抱えています。

Yさんが職場で敵・味方を区別するようになったのは、過去の出来事に起因します。実はYさんは、学生時代にサークル活動で仲間はずれにされた経験があります。そのときの心の傷によって、「この人は味方になってくれる人かな」「この人は自分を攻撃してくる敵だ」といった具合に、自分の周りにいる人たちを敵・味方で区別するクセがついてしまったようです。

カウンセリングマインドでYさんの話を聞くのであれば、**客観的なスタンスで臨むとよい**でしょう。

たとえば、「Zさんは敵です」と言われたら、次のように返します。

「そうですか。Yさんとしては、Zさんのことを敵みたいに思ってるんですね。いや、いや、う ーん、そうですか……」

前項の例とは違い、「それは大変でしたね」などと共感を示すのではなく、**「あー」「うーん」など、あいまいな言葉でつなぐのがポイント**です。

「いやはや、それは大変だったな……」と独り言のようにつぶやくのもよいでしょう。

その上で、客観的事実やデータなどに基づき、違う視点を示します。

「Zさんが敵というのは、どうしてそう思うんですか？」

「私のことをにらむような視線を向けてくるんですよ」

「そうなんですね。あれ!?　あの人、ひどい近眼のようですけれどね」

こういった具合に、**感情を入れずに「こういう見方もあるんですよ」と伝えます。**

「近眼だから」という違う視点を提示されることで、Yさんは「あの人、目が悪いのか。私をにらんでるわけじゃないかもしれない」と考えることができます。

その場で「そうだったのですか。私の勘違いでした」と素直に自分の間違いを認める可能性は低いですが、事実に気づけばYさんの言動には変化が生じるはずです。

なお、Yさんから敵意を向けられている被害者が直接、Yさんに話を聞くのは避けてください。**2人が対面すると口論になるだけで、余計解決が難しく**なります。

被害を受けた人は、上司に相談の上、異動やフロアの変更など、職場で配慮してもらえるよう働きかけてもよいかもしれません。

Point

- 周囲の人を敵・味方に分けたがる「トラウマ障害型」困ったさんには、客観的なスタンスで接しよう。
- あいまいな言葉でにごし、客観的事実を違う視点で提示するのも効果的。

Case 22

「本音で話そう！」と酒席に誘いたがる

タイプ5 世代ギャップ

Aさんの口グセは「腹を割って話せば、人間同士はわかり合える」です。

部下や後輩を、仕事終わりに居酒屋へ誘いたがるのも、お酒の席ならば本音で話ができると思っているからです。

ただ、飲み会の場ではあけすけな質問をしてくるので、聞かれた側が不愉快に思うこともしばしば。

それでも当の本人は、胸襟を開いて語り合うことが何より大事だと考えているので、根掘り葉掘り聞かれた人がイヤな思いをしているとは、夢にも思っていません。

特に若い世代の社員は、

「何年くらい彼女がいないの？」

「子どもはつくるつもりがないの？ それともできないの？」

と聞かれて、令和の時代にここまで聞く人がいるのか、と驚いています。

しかも、最悪なことに、Aさんは飲み会の場で仕入れた情報を、誰彼かまわず話してしまいます。心を許していろいろ話してしまった社員は、翌日、会社でみなに情報が広がっていると知り、ショックを受けていました。


Aさんが社会人になったばかりの頃は、仕事とプライベートの境界があいまいで、社員同士がお互いの趣味や嗜好についても、深く知っているのが当たり前でした。でも今は、情報の取り扱いに慎重な時代です。今の時代の常識に照らすと、Aさんのハラスメントやコンプライアンス違反への意識は低すぎると言わざるを得ません。

このAさんのように、**時代の変化に対応できず、一度身につけた価値観に固執する**困ったさんを、本書では「**世代ギャップタイプ**」と分類します。

今回の問題は**Aさんひとりの問題として対処するのではなく、コンプライアンスを**

統括する部署が社内全体に規定遵守の徹底を図っていく必要があるでしょう。

一方で、社員同士がプライベートを一切開示しないというのも考えものです。最近は「プライバシーの問題ですから」のひと言で、自分についてまったく語らず、突然、適応障害の診断書を添えて休職するような社員も増加しています。

職場としては、**社員のプライベートについても、ある程度は把握しておきたい**ものです。どの辺りまで開示するのかというラインについては、職場内で話し合う場を持つとよいでしょう。

現代は「多様性の時代」と言われるように、お互いの育った時代や環境を考慮して、価値観の違いに対する理解を深めることが相互コミュニケーションの前提です。

「昭和を引きずっている」「今どきの社員は……」などと、自分の価値観だけが正しいかのように振る舞うのではなく、**差異のある考えから学ぶ姿勢**が欲しいところです。

あなたが苦手に思っている人の、その**苦手な部分こそが、あなたの成長のヒント**かもしれません。苦手意識を封印し、思いきって近寄っていくことをおすすめします。

Point

- ハラスメント意識やコンプライアンス意識の低い困ったさんには、会社が率先してルールの周知と規律順守の徹底を図る。
- 自分の価値観だけが正しいわけではない。差異のある考えから学ぶ姿勢を身につけよう。

Case 23

一度きつく叱られただけで、即出社拒否

タイプ5 世代ギャップ

主任のBさんは、昨年入社したばかりの社員2人の指導を担当しています。

ひとりは、能力に優れ理解力も高いのですが、どこか遠慮した雰囲気があって大人しい性格。Bさんがアドバイスをしようとすると、なぜかひと言めに「すみません」と言います。

もうひとりは、いつも明るく元気です。作業の手順を説明すると「はい!」と返事をして一生懸命に覚えようとします。能力やスキルは心もとないのですが、毎日のようにわからないところを聞きに来ます。

2人とも研修期間を終えたら、それぞれ正式な職場が決まり配属されます。

半年後、Bさんが聞いたのは、「すみません」を連発していた社員が、上司に叱られたことを機に、翌日から会社へ来なくなったという知らせでした。

まずは、出社拒否をしている社員から何があったのか事情を聞くことが先決です。**直属の上司ではなく、指導係のBさんなら心を許して話してくれるかもしれません。**どのような叱り方をしたのか、そこに原因があることも考えられるので、総務や人事部の人にも協力を仰ぎましょう。

産業カウンセラーと契約している場合は、連携するのもよいと思います。何をつらいと感じているのかを話してもらえれば、こちら側も対処の手立てが見つかります。

入社1年も経たずに辞める社員については、もともとの性格的な原因が考えられます。その場合は、少し休んでから支店や部署異動をするのもひとつの方法です。**ストレスのもととなった人や業務から離れるだけでも、回復に向かう可能性があります。**

最近は、大学や専門学校で採用面接試験の指導をしてくれるところがたくさん出てきました。その〝成果〟によって、就職活動の面接試験はそつなくパスして合格通知をもらうのですが、入社後、**職場のコミュニケーションや得意先との関係にストレス**

を抱える人が増加しています。

これも、「世代ギャップ」の典型的な症状です。世代ギャップタイプは昭和世代のパワハラ上司だけがそうなるのではありません。異なる世代の文化や価値観になじめない、という点では若手世代の「リアルなコミュニケーションに対する恐怖」も、世代ギャップに含まれます。

少し強い口調で注意しただけなのに、萎縮してしまう部下には、次からさらに気をつかわなければならないのが現状でしょう。

「締め切りはきちんと守らなきゃダメだよ」などと部分的な行動を叱っているのに、人格を全否定されたかのように受けとめ、「自分はダメな人間なんだ」と拡大解釈し、自信をなくす人もいます。

こういった社員に対しては、**具体的な行動を叱っているだけであり、人格を否定しているわけではない**ことを丁寧に話していくしかありません。**なんでも言葉にして真意を伝える努力**が必要なのです。

Point

✔ 若手世代にとっては職場のリアルなコミュニケーションも恐怖になり得る。

✔ 叱られ慣れていない若手には、人格を否定しているわけではないことを伝える。

Case 24

「俺の背中を見て学べ」と言うハラスメント上司

タイプ5 世代ギャップ

Cさんは、新しく上司として異動してきた部長が苦手です。

口数が少なく、書類を提出しても、よい／悪いのリアクションがありません。何を考えているのかまったくわからないのです。

先日、部長から「言われなくても動きなさい」と叱られて、ショックを受けました。Cさんなりに主体性を意識して仕事をしているつもりでしたが、まるで評価されていなかったからです。社会人になって初めてついた上司は、あれこれ親身になって教えてくれて、Cさんの仕事ぶりに対して丁寧にフィードバックをしてくれたので、上司とはこういうものだと思っていました。

今の上司から「求めていることを察して動け」と言われても、何をどうしたらよいのか見当がつきません。

この部長は、典型的な「世代ギャップタイプ」です。

部長が育ってきた昭和の時代は「俺の背中を見て学べ」が育成の基本でした。当時は「褒め、育てる」という意識がなくて、ただひたすら叱咤《しった》激励《げきれい》（という名のハラスメント）ばかりの上司がほとんどでした。

何かと言うとすぐ叱り、教えるときにも、

「いちいち細かいところまで教えてもらおうと思うな！」「見て学べ！　盗み取れ！」

と言われたものです。

ただし、この手法で育てられた世代ギャップタイプの上司が、同じように現代の部下を育成しようとすると、すぐに今どきの部下はつぶれてしまいます。

「言われなくても動きなさい」と注意するだけで、具体的な動き方を伝えなければ、いつまで経っても同じことの繰り返し。お互いにストレスをため込むだけです。

私は令和の育成ポイントを「4：2：4の法則」と名づけています。**4の割合で「褒める」、2の割合で「叱る」、そして4の割合で「教える」**です。

現代の若者は、自分の存在価値を職場に見出したいという気持ちを持っています。ですから、お客さまから感謝されたり、周りから褒められたりする機会を作る必要があります。**褒められて初めて、自己有用感が満たされ、やりがいを感じる**のです。

そこで企業としては、**上司のマネジメント研修**を行うことが急務です。

古いマネジメントでは、有能な部下がどんどん離職していきます。入社後、3年以内に辞めていく離職率が3割ともいわれる現状では、管理職の教育に力を入れ、職場のマネジメント力を常にアップデートしていかなければなりません。

ちなみにCさんの場合は、隣の課の課長に相談して仲裁してもらうことになりました。上司がCさんに対して何を感じているのかを、聞き出してもらったのです。

それによると、Cさんの上司は、異動前の部署では気が利くベテランの女性部下に囲まれていたことで、放任主義に陥ってしまったとの自覚があったそうです。

Cさんも部長も、お互いを知ろうとする努力が求められます。Cさんは、まずは課長とコミュニケーションを取り、人となりを知るところから始めています。

Point

✔ 令和の人材育成のポイントは「褒める：叱る：教える」＝「4：2：4」。

✔ 人は褒められて初めて、自己有用感とともにやりがいを感じることができる。

✔ 世代間格差を乗り越え、互いの「人となり」を知る努力が必要。

Case 25

「それって意味あるんですか？」と言うタイプ社員

タイプ5 世代ギャップ

世の中には当事者意識が低く、「そのうち誰かがやってくれるだろう」と他人事のように考えているタイプの人がいます。

若手社員のDさんもそんなひとりで、先輩が会議の準備をしていると、

「この会議って意味あるんですか？」

と声をかけてきました。

「数字を報告するだけなら会議をする意味はないし、それはグループウェア上で行っているよね。でも、この会議は改善のアイデア出しをする重要な会議なんだ。君みたいな若い人にこそ、積極的に参加して発言してほしいんだけどな」

先輩がこう言うと、「ふうん」と言ったまま、どこかに行ってしまいました。

Dさんは、ふだんから「仕事は合理的に効率よく処理することに意義がある」

と公言して、何かといえば「コスパが悪い・タイパが悪い」と、会社の仕事に不満ばかり言っています。

Dさんは、仕事において必要以上のことはしたくないと考えています。**合理主義的なスタンスから意見をしているように聞こえますが、本心は「したくない」であり、その言い訳をしているにすぎません。**

もしかするとDさんは若手社員に多い「俺様社員」（259ページ参照）なのかもしれません。評論家的な立ち位置から批判・批評はするけれど、いざ自分が責任を持たされそうになると避ける人を言います。こういう人が組織にひとりいるだけで、職場全体のモラル（士気）が下がります。

これらの面倒くさい「困ったさん」対策に有効なのは、**「アメとムチ」**です。

アメとは、合理的な方法を提案してもらったら、後日「あなたのおかげで、コストが少なくて済んだよ」「あの方法は、効率がよいね」などと褒めること。彼らの心には、

毎日の業務にやりがいを感じられず、自分の居場所を見つけられないという劣等感がありまます。そこを刺激するのです。

ムチ（叱る）は、**どこがいけないかを論理的に注意する**ことです。その際に**自尊心をくすぐる言葉**も付け加えましょう。

「君ほどの人がもったいない」
「君にやってもらえなくて残念だ」
「あなたほどの人ができないの？」

どんな人でも、自分の力を信じて頼りにされると悪い気はしません。特に俺様社員には、あまのじゃくなところがあります。そうやって自尊心をくすぐると、時間が経ってから「私がします」と向こうから申し出てくれることがあります。

このようにアメとムチを上手に使い分け、十分に褒めながら、**たまに叱って謙虚になる機会を与えましょう**。そのうち、自分から提案してくれるようになります。

とにかく根気強く育てることが大切です。

Point

✓ 何かと不平不満の多い「世代ギャップタイプ」には、「アメとムチ」が効く。

✓ 褒めるとき（アメ）は、彼らの心にある「居場所のない劣等感」を刺激する。

✓ 叱るとき（ムチ）は、あくまでも論理的に、自尊心をくすぐるように。

Case 26

残業を美徳と信じ部下にもハードワークを強要

タイプ⑤ 世代ギャップ

Eさんが勤務する会社のF専務は、いわゆるバブル世代の50代。仕事は優秀で同期の誰よりも早く出世し、今日の地位を得ました。

若い頃は毎日のように徹夜をして売り上げを上げていたようで、今でも残業を美徳とする感覚が抜けきっていません。

「昔は、お客さまのところまで一日に何往復もして夜中まで商品を納めていたんだ。そのくらいのガッツがなきゃダメだ」

「若いときには残業をしてでも徹底的に仕事をしないと、スキルなんて身につかないぞ」

このように、ことあるごとに昭和の価値観を押しつけてきます。

F専務が毎日のように定時を過ぎても会社に居残っているので、ほかの社員たちは帰りにくい雰囲気を感じています。

そんな中、専務の仕事ぶりに強い影響を受けていたEさんが仕事を頑張りすぎた結果、適応障害と診断され、休職を余儀なくされてしまいました。

また、別の男性社員が「育休を1年取りたい」と希望を出したところ、F専務が「そんなの認められるわけないだろ！」と大激怒。結局、その男性は会社に愛想を尽かして離職してしまいました。

このままでは、社内から若手が大量に離職するおそれもあります。


日本ではもともと法律上、残業が規制されていませんでしたが、現在では残業時間の上限は、原則として月45時間・年360時間とし、臨時的な特別の事情がなければこれを超えることはできないとされています。

つまり、**残業で成果を上げることをよしとするF専務のスタイルは法律に触れるおそれがあり、今の時代では許容することができません。**

Ｆ専務には残業の上限規制と、短時間で成果を出すことの重要性について理解をしてもらう必要があります。このとき**Ｆ専務が育ってきた時代の文化を否定してはいけません。**現代の感覚からすれば、残業は生産性が低い働き方の象徴ですが、昔は長時間労働をすれば成果が上がっていました。作れば売れる時代だったからです。正すべきは現在のＦ専務の考え方であり、彼のキャリア自体を否定してはいけません。

日本人に欠けているのは「**ネガティブ・ケイパビリティ**」のスキルです。ネガティブ・ケイパビリティとは、**白黒決着がつかない事態に耐え得る能力**を意味します。日本語には「間《あわい》」という言葉もあります。「あわい」は物と物の交わったところ、重なったところを意味する言葉です。

今の時代、早く結論を出すことがよしとされていますが、2つの方向性をめぐって葛藤するとか、あわいを感じるといった感覚こそが重要であり、それが異なる文化を持つ人たちと共生していく上で役に立つのではないでしょうか。

違う文化や価値観を持つ人と関わるにあたっては、客観的な視点に立ち、**自分の文化や価値観が絶対的なものではない**ことを自覚していただければと思います。

Point

✓ 古い価値観をふりかざすタイプには、「法律に抵触する」などの理論武装で説得を。

✓ 育ってきた時代の「文化」は否定せず、「考え方」を正してもらおう。

第2章のまとめ

▷ ASDタイプの困ったさんは

- こだわりが強く、独自のマイルールで動く
- 「この人の言うことだけは聞く」というキーパーソンがいたり、権威や専門家の発言には素直に従うことが多い

▷ ADHDタイプの困ったさんは

- ケアレスミスが多い、片づけが苦手、探しものやなくしものが多いといった特徴があるので、周囲は注意するのではなく、改善策を一緒に考える
- 長所やできている部分に目を向け、褒めることで困ったさんのモチベーションをアップ
- 正義感が強く頑固な面がある一方で、忘れっぽい面もあり、ネガティブな感情を引きずらない

▷ 愛着障害の困ったさんは

- 親に過保護・過干渉に育てられたため、自我が育たないまま成人し、社会生活に困難を覚える
- 幼少期に他人と比較され続けた結果、自己肯定感が低下し、自信を持ちにくい
- 理想と現実、できることとできないことを線引きし、専門家からのアドバイスも活用しながら、ゆっくり困ったさんの自我を育てたい

▷ トラウマ障害の困ったさんは

- 親の厳しい教育や貧困、いじめ、過去のトラウマが原因で、職場の人間関係や仕事に問題を引き起こす
- 「共感的理解」を示し、否定せずに話を聞くことが大切

▷ 世代ギャップの困ったさんは

- 昭和の価値観にしがみつくタイプと、従来のやり方を否定するタイプがある
- 違う文化や時代の価値観を否定するのではなく、共生しながら最適解を探る姿勢が求められる

第3章

「困ったさん」をうまく動かす！

シーン別の声かけ心理作戦

意見の食い違いには「会話の方程式」で応戦

この章では、職場の困ったさんをうまく動かすための声かけについて、具体的なシチュエーションを想定しながらお伝えします。

まず、**すべてのケースに共通するのは、「カウンセリングマインド」を使うということ**です（↓64ページ参照）。カウンセリングマインドは、相手の話を聞こうとするときの心構え（姿勢や態度）を意味します。カウンセラーだけが使う特殊技術などではなく、誰でも意識することで身につけることができます。

ポイントは**①共感的理解と②受容の2つ**でしたね。

カウンセリングマインドを実際の会話に応用すると、次の公式が成り立ちます。

会話の公式

会話＝まとめてフィードバック＋質問

「まとめてフィードバック」は、カウンセリングマインドでいう「受容」に相当します。受容とは、迎合でも同調でもありません。**自分と相手との違いを認めた上で、相手を受け入れること**を意味します。

「私には私の考えがあり、あなたにはあなたの考えがあります。あなたの考えは私の考えとは違いますが、あなたはそう考えたのですね。なるほどね」

この方向で受けとめるのが受容です。

それをフィードバックするときは、**共感的理解を示すために〝感情に訴える言葉〟を入れる**ことが重要です。つまり、こちらが共感していることが相手に伝わらないといけないのです。そのため、しぐさやうなずきなどの表現はやや大ぶりにします。

共感的理解には、相手の気持ちを察する想像力が必要となります。

「それは大変だったでしょうね」「とても頑張りましたね」「よく私に相談してくれたね。言いにくかったでしょう」など、出来事に伴う相手の気持ちを想像して、その気持ちを言葉にすることが共感的理解です。

受容と共感的理解ができて、初めて「まとめてフィードバック」が成立します。

あいづちは「相手の感情」に合わせて打つ

フィードバックするにあたっては、あいづちに気をつけましょう。

私はカウンセラーを目指す人たちに対して、いつも「**あいづちはア行とハ行で打ちましょう**」とアドバイスしています。

- **ア**＝「あぁ」。相手の言葉を受容するニュアンスを込めます。
- **イ**＝「いいえぇ」。否定のあいづちも重要です。相手の過剰な謙遜をやんわりと否定するときなどに「いいえぇ」と使います。
- **ウ**＝「うん、うんうん」。同意のあいづちです。
- **エ**＝「えぇ」「ええーっ」。驚きや共感を示すことができます。
- **オ**＝「おぉ」。感嘆や驚嘆を表現します。
- **ハ**＝「はあ」「はぁ、はぁ」。同意とも不同意ともとれる、あいまいなニュアンスを表現できるあいづちです。長短のバリエーションをつけるのがポイントです。「はあ？」と語尾を上げると相手をとがめるようなニュアンスになるので要注意です。

なお、「はい」というポピュラーなあいづちもありますが、「はいはい」と繰り返すと適当に聞き流しているかのような印象が生じるので気をつけたほうがいいでしょう。

- **ヒ**＝「ひえー」。言葉にできない悲鳴のようなあいづちです。
- **フ**＝「ふうん」。興味のない印象にならないように注意します。
- **へ**＝「へえー」。驚きのニュアンスがつくあいづちです。
- **ホ**＝「ほほぅ」。感心、納得、同意を表現します。

当然のことですが、あいづちを打つときには、相手の感情に合わせます。

相手がうれしそうに話したなら、「えー、それはうれしいですね！」と普段よりもやや声を高くします。逆に「つらいんです」と言われたら、「それは……苦しいですよね」と声のトーンを下げながらあいづちを打ちます。

沈黙や間《ま》も重要なメッセージであり、**「パラランゲージ（周辺言語）」と呼ばれる言葉以外の要素**も駆使しながら話を聞いていきます。

沈黙を怖がる人が矢継ぎ早に会話をつなごうとすると、相手の発言とバッティングしがちです。相手が考えて答えを出すまでは、沈黙に付き合うことも意識しましょう。

あいづちのア行とハ行

ア行

ア＝「あぁ」
相手の言葉を受容するニュアンスを込める

イ＝「いいえぇ」
否定のあいづち

ウ＝「うん、うんうん」
同意のあいづち

エ＝「えぇ」「ええーっ」
驚きや共感を示すあいづち

オ＝「おぉ」
感嘆や驚嘆を表現するあいづち

ハ行

ハ＝「はあ」「はぁ、はぁ」
- あいまいなニュアンスを表現できるあいづち
- 長短のバリエーションをつけると変化が出る
- 語尾を上げると相手をとがめるようなニュアンスになるので要注意

ヒ＝「ひえー」
言葉にできない悲鳴のあいづち

フ＝「ふうん」
興味のない印象にならないように要注意

ヘ＝「へえー」
驚きのニュアンスがつくあいづち

ホ＝「ほほぅ」
感心、納得、同意を表現するあいづち

会話が弾むあいづちの基本は「相手の感情」に合わせること

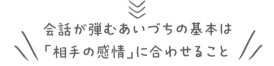

ちなみに、使ってはいけないあいづちの代表格が「わかる、わかる」です。特に女性同士のグループが雑談をしているとき、手を叩きながら「わかる、わかるー」とあいづちを打ち合っているシーンを目にします。

気の合う人たちとおしゃべりをしているときは、「わかる、わかる」と言ってもかまいません。けれども、**真剣に相手とコミュニケーションを取るときは、安易に「わかる」を使うのはNG**です。

たとえば、転職先の会社で苦労をしている人が、「転職してから慣れない仕事で苦労しているんです」と語ったとしましょう。

これに対して「わかります」と返すと、「あなたに何がわかるの？　異業種に転職した経験もないくせに」と反感を買うおそれがあります。「わかる」という言葉の代わりに、相手の話した内容をフィードバックするとよいでしょう。

質問でポジティブな言葉を引きだす

ところで、会話は野球のキャッチボールやテニスのラリーにたとえられます。会話のキャッチボールやラリーは、やり取りを長く続けられることが大切です。

まずは**「まとめてフィードバック」で、相手の言ったことを否定せず、ただそうなんだ、と受けとめます。**

「あなたは××だと思ったんですね。大変でしたね」
「昨日△△されたんですね。すごいですね」

キャッチボールでいえば、この受容が相手からのボールをキャッチしたということです。でも、これで終わってしまったらキャッチボールは続かなくなります。相手にボールをキャッチしたら、相手に向かって投げ返す必要があります。相手にボールを投げ返すことは、会話の公式でいう「質問」にあたります。

相手が話した内容をまとめてフィードバックした上で、それを深める質問をする。それによって「会話」が成立するということです。

具体的に会話例を再現してみましょう。

「○○さん、最近どうですか？」

「職場に嫌な同僚がいて、イライラすることが多いんです」

「あぁ、職場の同僚が？　いろいろ大変ですね」

「仕事も忙しくてつらいです」

「具体的に言うと、何が忙しいですか？」

「新規事業の立ち上げに関わることになったんですよ」

「新規事業はやりたかったことですよね！　わくわくしながらやっていらっしゃるんでしょ？」

「そうですね。前々からチャレンジしたかったことなので、わくわくする気持ちはあるんですけど……」

「けど……？」（と相手の気持ちを引きだして確認する）

「最近どうですか？」という質問に対して、相手が「イライラする」というネガティブなボールを返してきました。
ここで「イライラする」という言葉を取り上げて「あぁ、同僚にイライラしているんですね」とまとめてフィードバックをすると、「そうそう、イライラするんですよ！」

といった具合に、**ネガティブな心理が強調**されてしまいます。

ここでは、「あぁ、職場の同僚が?」という表現で、ネガティブな要素はあいまいにしてごまかしています。**相手がネガティブな言葉を使っていても、自分はネガティブな言葉を使わないようにする**のがポイントです(※カウンセリングの手法では、あえてネガティブな言葉をフィードバックして怒りの感情を吐き出してもらうこともあります)。

「あぁ、職場の同僚が?」と最後まで言わずにあいまいに受容しつつ、「いろいろ大変ですよね」という言い回しで共感的理解を示しています。

次に、「仕事が忙しくて苦しいんです」という発言に対しては、仕事の何が忙しいのかを明らかにするために「具体的に言うと、何が忙しいですか?」という質問を投げかけました。

相手の言葉から新規事業の立ち上げで忙しいことがわかったので、「新規事業はやりたかったことですよね! わくわくしながらやっていらっしゃるんでしょ?」と矛盾する部分にフォーカスして質問を行います。

次に、「けど……」で終わる場合は、背後にほかの心理が隠れている可能性があるので要注意！　聞き逃さずに確認しましょう。こちらが思っていることとは反対の気持ちが表出するかもしれません。

ネガティブな言葉は「マイルドに変換」してフィードバック

やや大げさなフィードバックに照れを感じるのは、あなたが自分自身にフォーカスしているからです。

フィードバックは、相手に「わかってもらえている」という安心感を与えるためですから、こちらが表現する恥ずかしさを気にしている場合ではありません。

繰り返しますが、相手のネガティブな発言をそのままフィードバックする必要はありません。聞き手は鏡のようなものであり、いいことも悪いことも反射して増幅させる力を持っています。

人は誰しも、嫌な言葉を強調してフィードバックされると気分が落ち込んでしまいます。ですから、たとえば「○○ができない」と言われたら、「ちょっと難しいって感じていらっしゃるんですね」とフィードバックする。「○○したくない」と言われたら、「やる気が今ひとつということなんですね」のように、**ネガティブな要素をマイルドに変換して返すのが基本**です。

そして、**ポジティブな言葉は、逆にやや大きくして返す**ことが肝心です。

五感をフル活用して質問をする

カウンセラーの卵が質問をすると、表面的な質問だけを何度も繰り返して、話が全然深まらないことがあります。

質問が浅くなってしまうのは、「何を質問しようか」と考えているからです。「何を質問するか」にフォーカスした時点で、効果的な質問は出にくくなります。

フォーカスすべきは、あくまでも相手です。

「相手はどうしてこういう言い方をしたのだろう」

「なぜ、急に声のトーンを落としたんだろう」

このように、さまざまな角度から相手を観察してみましょう。

私たちカウンセラーは、**五感のすべてを活用して、相手の言葉や動き、パラランゲージから情報をキャッチ**しようとします。たとえば、

「今、ちょっとこの人の目が泳いだぞ。どうして目が泳いだんだろう？」と引っかかりを感じたら、
「今、表情が変わった感じがするんですけど、もしかして聞いちゃいけないこと聞いちゃいました？」
「今、ちょっと言いよどんだよね？　何か考えるところがあるの？」
などと尋ねます。これが、五感というアンテナをフル活用することです。

ところで、先ほどの沈黙のところでもお話ししましたが、相手が質問の答えを考えているときはじっくり待つことが大切です。沈黙を待たずに別の質問を投げかけると、相手は「どの質問に答えたらいいの？」と迷ってしまいます。

ひとつの質問に対して答えが返ってくるまでは、言葉を変えて繰り返すのはよいですが、まったく別の質問はしないようにしましょう。

さて次ページからは、実際の職場の会話例を挙げながら、困ったさんを攻略する声のかけ方や言葉選びを考えていきます。

Scene 1

何を言っても否定する上司に——

「もしよろしければ、部長の考えをお聞かせいただけませんか?」

「私は○○のように思います」

「いや、そんなの絶対間違っているよ!」

「部長は違う考えをお持ちだということですね。もしよろしければ、部長の考えをお聞かせいただけませんか?」

「そんなの、□□ということだろ」

「かしこまりました。□□のようにしたらよいとお考えなのですね。次回から、それを参考にしてみようと思います。貴重なご指摘をありがとうございます」

「会議で自分の意見を言ったら『違うだろ、それ』と頭ごなしに否定してくる」
「みんなのために改善の提案をしたにもかかわらず、『余計なことを言うな！』とダメ出しをする」

このように、何を言っても否定するタイプの人がいます。タイプ①ASD、⑤世代ギャップの困ったさんに多く見られる傾向です。

頭ごなしに否定されるとやる気をなくしますし、腹も立ちます。それならいっそのこと、**腹が立つ相手すらも受容してみましょう。**

方法は教えたくないが、自分の意見は言いたい

否定されたときに、「それなら、私はどうすればいいんですか？」と聞くと、「そんなのは、自分で考えろ！」と一喝されて終わりです。「**方法**」**を尋ねる質問**だからです。けれども、「もしよろしければ、部長の考えをお聞かせいただけませんか？」と質問をすれば、相手は答えてくれる可能性が高くなります。なぜなら、**方法は教えたくなくても、自分の意見や感想は言いたい人が多い**からです。

「部長は違う考えをお持ちだということですね。もしよろしければ、部長の考えをお聞かせいただけませんか？」

「私の意見が今ひとつだったということですね……。それでは、部長からご覧になって、どういう提案がよりよかったと思われるのか、ご意見をお聞かせ願えますか？」

このように、まとめてフィードバックした上で、意見や感想を求める質問を投げかけます。相手が意見や感想を述べてきたら、それを受けて次のように返します。

「かしこまりました。□□のように考えたらよかったとお考えだったんですね。ありがとうございます。次回からそれを参考にしてみようと思います。貴重なご指摘をありがとうございます！」


最後は「ありがとうございます」という感謝の言葉で終わりましょう。

自分の意見を聞いて受けとめてもらったことで、困ったさんはあなたに好意を持ってくれるようになります。そうやって少しずつ関係性を築いていけば、よほどのことがない限り、少しは聞く耳を持ってくれるようになるでしょう。

感謝の心が伝われば、意見を採用しなくてもOK

困ったさんの意見や感想を実際に受け入れるかどうかは、**あくまでも自分の選択**です。意見や感想を聞いたからといって、従わなければいけないわけではありません。

たとえ、相手の言う通りにしなかったとしても、「貴重なご指摘をありがとうございます」という**感謝の言葉で受けとめていれば、相手との関係性が悪化する可能性は低い**といえます。

なぜなら、「納得」には2通りあって、ひとつは自分の思い通りになったとき。もうひとつは、相手がこちらの意見を十分聞いてくれたと感じたときだからです。

なお、毎回相手の意見を聞いてばかりいると、「すぐに意見を求めようとするな」と怒りだす人もいるので要注意です。

「私としては○○だと思っているんですけど、この意見について、部長はどのようにお考えでしょうか？」

このように、**自分の意見を伝えた上で、相手の意見を求める**ようにしましょう。

Scene 2

すぐ「教えてくれ」と言う部下に――

「君はどのようにすればいいと思っているの？」

「課長、あの仕事はどうしたらいいですか？」

「いやぁ、そうだねぇ……（間を取る）。
どうして私にそのことを聞こうと思ったの？」

「課長なら正しい判断をしてくださると思って」

「私を信頼して聞いてくれているということなんだね。ありがとう。
ただ、私としては君の考えを聞きたいんだよ。
君はどのようにすればいいと思っているの？」

自分の頭で考えず、すぐに誰かから正解を教えてもらおうとする人がいます。困ったさんのタイプとしては、タイプ②のＡＤＨＤやタイプ③愛着障害、タイプ④トラウマ障害の不安傾向の強い人に見られます。

タイプ②の困ったさんは、衝動性が強い場合は聞かずにやってしまいますが、ケアレスミスが多くて失敗が怖い人ほど質問します。依存性が強くてすぐに他人に甘えるタイプも含みます。

タイプ③の困ったさんは、子どもの頃に親の愛情に恵まれなかったと感じる人は自己肯定感が低く、周りの目をうかがう傾向があります。この部下も上司による評価が気になりすぎて、上司の意見を求めてばかりいるのでしょう。

なお、タイプ④で多いのは、「昔、自分の判断で行動したら厳しい上司に叱られて、それ以来、なんでも上司の言うことに従うようになった」というパターンです。

質問に逆質問で返して、相手に考えさせる

この手の困ったさんに対して、頭ごなしに「いちいち人に聞かないで、そのくらい自分で考えろ！」と言うと、パワハラになってしまいます。

かといって、質問されるたびに答えを教えていたら、相手は上司に依存して常に頼るようになります。これでは部下を成長させることはできません。

自分の頭で考えてほしいことを質問されたときには、「いやぁ、そうだねぇ……」などと、と考えているふりをして間《ま》を取ります。

次に**「どうして私にそのことを聞こうと思ったの？」**と逆質問をしましょう。このケースでは「課長なら正しい判断をしてくださると思って」という部下の言葉を受容した上で、もう一度部下の考えを尋ねています。**質問に質問で返すことで、質問から逃れる**というテクニックを使っています。

自分の考えを、相手と似た立場の人の例として披露する

このように、質問に答えず相手の答えを引き出すのはひとつの方法ですが、いつも逆質問をしていると、「いつ聞いても課長は逃げる」「真剣に答えてくれない」などと思われてしまうおそれがあります。そこで使えるのが、次のような答え方です。

「そうだねぇ。そういったケースでは……**君と同じように20代の女性で、○○のように取り組んだ人がいたな。そのやり方は使えるかな？**」

本当は自分の考えを提示しているのですが、あえて「あなたと似た立場・境遇の人がこのように取り組んだ」と伝えることで、**最終的な結論は相手に委《ゆだ》ねます。**

あるいは、次のような言い方も効果的です。

「そうだねぇ。一概に正解のやり方はないかもしれないけどね……。ただ**一般的には○○という方法がいいといわれているよ。**そのやり方はどう？」

このように「一般的には」という表現を使いつつ自分の意見を提案し、最終的には相手に決断してもらいます。**最終回答を与えるのではなく、部下が自分で判断するように促す**ことが大切なのです。

Scene 3

合理性がないと気づいてもらうには——

「過去に××さんがa案を提案して通ったことがあるんですが…」

「……というわけで、A社にはa案を提案したいと思います」

「いや、それは違う。A社には絶対にb案のほうが合ってるよ」

「A社の場合は、b案のほうが合致しているということですね。
なるほど。ただ、過去に××さん（先輩）がa案を提案して
通ったことがあるんです。今の時期ですと、
a案のほうが適しているように思いますが、いかがでしょうか？」

客観的な話し方をするけれど、意外に主観的なのが①のASDタイプです。⑤の世代ギャップの中にも頑として意見を譲らない人がいます。

ASDタイプの困ったさんは視野が狭いため、自分の意見こそが正しいと思っています。さらに、彼らの断定的な言い方には妙な説得力があるので、周囲はつい、その言葉を鵜呑《うの》みにしてしまうのです。

これらの人たちは、会話の中に「絶対に」や「〜すべきだ」を多く使いがちで、**主観的な判断を行い、自分の正義を周囲の人にも押しつける傾向**があります。

主観的な意見を押しつけられそうになったときには、まず「なるほど」「了解です」などのあいづちで受けます。私の知人は「御意《ぎょい》」という言葉を使っているそうです(笑)。

「A社の場合は、b案のほうが合致しているということですね。なるほど」

などと、まとめてフィードバックをして相手の意見を受容します。その後に、**別の視点からの方法や意見を提示し、違う道もあることに気づいてもらいます。**

「ただ、過去に××さん（先輩）がa案を提案して通ったことがあるんです。今の時期ですと、a案のほうが適しているように思いますが、いかがでしょうか？」

「昨年、△△という案件が採用されたケースがありますが、今回それとは方向性の違う□□案でよろしいでしょうか？」

このような流れです。

あるいは、正義を押しつけてくる本人とは異なる思考のタイプを持ち出し「もしも××専務だったら、こうした場合はどう考えられるでしょうね？」と質問してみるのも、発想転換のひとつです。

別の視点・案を提示した上で、それでも相手が自説にこだわるのであれば、最終的な責任はその人にあります。結果への対応も、その人に取ってもらいましょう。

「絶対」「正しい」発言には根拠を求める

なお、部下や後輩が「絶対に○○がいいと思います」「ここでは○○が正しいでしょうね」と客観性のない意見を主張してきたら、**根拠について質問する方法が有効**です。

たとえば、次のように言葉をかけます。

「ん？　絶対？　えー、何をもって〝絶対〟なの？」

「正しいという基準って何？」

「その意見は、何を根拠にしているの？」

このように質問を重ね、自分の意見の偏りに気づかせていくことが大切です。

相手に熱がこもっているときほど、冷静になってもらう必要があります。その際に、困ったさん本人を否定して傷つけるのではなく（へそを曲げるだけです）、まず彼らの考えを受容した上で、いくつかの新たな視点を引きだしましょう。

ポイントは、**「もしも〈別の状況、条件、人、時期など〉であればどうなるのか？」を想像してもらうための「質問」**です。

人は、自分が思ってもみなかった質問をされることで思考が促され、「気づき」を得ることができます。そして自らの気づきに基づいて、それまでの意見や行動を変容させていくのです。

上司や部下の言動が「主観的すぎる」「合理性がない」と感じたら、すぐに指摘するよりも、こうした質問や会話を積み重ねることで、自発的人材へとマネジメントしていく意識が必要でしょう（「ボスマネジメント」については240ページを参照）。

Scene 4

他人のせいにしたがる相手に――
「そうか。君としては○○と言われたからやったんだね、なるほど」

「どうしてこういうやり方をしたの？」

「だって、□□先輩がこういうふうにしたほうがいいって言ったんです」

「そうか。君としては○○したほうがいいと言われたからそうしたんだね、なるほど。誰が指示したにせよ、君自身はどうしたらいいと思うの？
（or どういう方法がいいと思った？）」

ミスをしたときに反省をしない、それどころか他人のせいにして責任逃れをする人がいます。これは、③愛着障害タイプと④トラウマ障害タイプに多く見受けられます。

③の愛着障害タイプは、自我が育っていない分だけ「自分自身で責任を取る」ことに慣れていません。そのため、無意識のうちに責任転嫁をする機会が多くなります。タイプ④のトラウマ障害タイプにも同様の言動が見られますが、このタイプは誰から指摘や注意を受けることに敏感です。叱られて傷つかないようにいつも言い訳を考えているところがあるのです。

この2つのタイプの背景に、発達障害が疑われるようなら、①ASD、②ADHDタイプも関係してくるでしょう。

こういう人に注意をすると、「先輩の□□さんがこんなふうにしたほうがいいって言ったから」「だって、部長がこういうふうにやれって言ったじゃないですか」といった言い訳の言葉を並べ立ててきます。

このとき、「ほー、□□先輩がそう言ったんだね」と、**「□□先輩」にフォーカスしてフィードバックするのはやめましょう。**「先輩のせい」にすることが強められることで、話が先輩の悪口・不満を引きだす方向へ移ってしまいます。それよりも、相手が行った問題行動の原因や対策へと話を掘り下げていきましょう。

具体的には、フィードバックをするときに誰が言ったのかという主語はあいまいにします。

「そうか。君としては○○したほうがいいと言われたからそうしたんだね、なるほど」

そしてこう続けます。

「誰が指示したにせよ、君自身はどうしたらいいと思うの？（どういう方法がいいと思った？）」

このような質問を通じて、本人の意見を引きだしていきます。

「責任の所在」よりも「対処法」にフォーカスする

では、問題の責任を自分に押しつけられそうになったときはどうでしょう。

たとえば、仕事の納期に間に合わなかった同僚が、「△△さん（あなた）が『10月まででいい』と言ってましたよね？」と責任転嫁をしてきたとします。

ここで「私、そんなこと言った覚えはないですよ。あなたの勘違いじゃないですか？」と反論をすると、言った／言わないのバトルが始まってしまいます。

まずは、落ち着いて**フィードバックと事実確認**を行いましょう。

「××さんは10月までと伝えられたという認識だったんですね。私としては9月までとお伝えしたつもりだったんですけど」

相手が強硬に責任を逃れようとしてきたときには、無理に対抗しようとせずに、対処法を模索します。

「もしかしたら私の言い間違いだったかもしれませんが、とにかく今は急いだほうがいいですよね。いつまでだったらできそうですか？」

このように、**「誰が言ったか」にはこだわらず、対処法を考える方向へと会話のベクトルを向けます。**

ポイントは、**「責任の所在にはフォーカスしない」**です。

Scene 5

怒っている相手をどうするか――

「今は受け答えができないので、お手洗いに行ってきます」

「なんでそんなこともできないんだ！　いい加減にしろ！」

「……今は受け答えができないので、お手洗いに行ってきます」

（しばらく離席する）

「先ほどは、これ以上感情的になってはいけないと思いましたので、
いったん席を外しました。失礼しました。
今でしたら冷静にお話ができると思いますが、
これからお時間を頂戴できますか？」

タイプ①ASD、②ADHDの困ったさんは、特に根拠もなく感情的になり、激怒することがあります。意味もないのに怒りの感情をぶつけられたら、こちらも感情的になるのは当然です。

最近は**「アンガーマネジメント」**という手法に注目が集まっています。アンガーマネジメントとは、怒りの感情と向き合い、上手にコントロールしながら問題解決を図るスキルのこと。中でも有名な手法に**「6秒ルール」**というものがあり、**怒りを感じたときに6秒間だけ我慢をして怒りを静めれば、理性的に判断・行動できるようになる**とされています。

しかし、実際は感情的になっているときに6秒数えて落ち着きを取り戻すのはなかなか困難です。しかも、6秒数えたところで、相手から再び怒りの感情をぶつけられたら、すぐにまたこちらも怒りのスイッチが入ってしまいます。

特にASDタイプの困ったさんの中には、相手を何時間も立たせたまま、怒り続ける人がいます（なんの脅しか、机の横に金属バットを置いている人もいました）。そんなに長時間にわたって怒りを浴び続けていたら、こちらのメンタルがおかしくなってしまいます。

感情のコントロールができない相手への対処法

そこでおすすめしたいのが、その場から物理的に離れることです。**「今は受け答えできないので、お手洗いへ行ってきます」**など理由をつけてその場を去りましょう。

大前提として**職場は怒りの感情を出すべき場ではないので、怒っている人から離れても問題はありません。**しばらくトイレや会議室などで時間を過ごし、相手の感情が収まったタイミングを見計らって席に戻ります。そして、改めて声をかけます。

「先ほどは、これ以上感情的になってはいけないと思いましたので、いったん席を外しました。失礼しました。今でしたら冷静にお話ができると思いますが、これからお時間を頂戴できますか？」

ここでも、「○○さんが感情的になっていて、冷静な話し合いができないと思ったので……」のように主語を限定しないことがポイントです。

怒りが長続きしないのもタイプ①②の特徴

タイプ①②の困ったさんには忘れっぽい人が多く、瞬間的に激怒しても、一定の時間が経つと自分が怒っていたことすら忘れることがあります。薄気味悪く感じるかもしれませんが、先ほどまで怒っていた人がにこやかに話しかけてくることもあります。

「あんなに激怒していたのに、どうして?」と、こちらはとまどいますが、**「相手はそういう特性の人なんだ」**と、割り切って対応するのがベストです。

なお、相手が泣いている場合も、いったん時間をあけることが大切です。

たとえば、部下が泣きだしてしまったときは**「今は感情的になっているので、話すのはやめよう」**などと言い、自分が席を外します。あるいは、相手に会議室などで過ごしてもらうのもよいでしょう。

その後、改めて話し合いをするか、第三者に入ってもらってコミュニケーションを取るようにしましょう。

Scene 6

何度もミスを繰り返す相手に——

「この前のミスと今回のミスで、何か違いや共通点があったかな？」

「ちょっと今いいですか？」

「はい、大丈夫ですけど」

「ここのところ、○○の部分で計算が合わないように思うんだけど、どう思う？」

「あ、確かに間違ってますね。すみませんでした」

「うーん、この前も同じようなミスをしたと思うんだけど、この前のミスと今回のミスで、何か違いや共通点があったかな？」

「あー、そう言えば、締め切り間際になると焦ってしまうんです」

「そっか。締め切りが迫ってくると、ざわざわした気分になって焦るんだね」

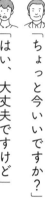

タイプ②ADHDの困ったさんは、同じミスを何度も繰り返す傾向があります。ミスにイライラしたとき、次のような声かけをしていないでしょうか？

「あなた、この前も同じミスをしてたでしょ？　何回も何回も同じことやって。もう3年目でしょ？　こんなことでどうするの！」

叱責しても本人の特性が変わるわけではありません。本人がミスの原因や、ミスを起こしやすい状況を認識することが、再発防止につながります。

ミスの違いや共通点は何か

そこでまずは「ちょっと今いいですか？」と断った上で、「ここのところどうも、○○の部分で計算が合わないように思うんだけど、どう思う？」と問いかけます。

相手にミスを見直してもらったら、客観的に事実確認を行います。

「うーん、この前も同じようなミスをしたと思うんだけど、この前のミスと今回のミスで、何か違いや共通点があったかな？」

この問いかけにより、本人が締め切りをプレッシャーに感じてしまうことが明らかになったとしましょう。

その場合、続けて以下のような話し合いができるとよいですね。


「そっか。締め切りが迫ってくると、ざわざわした気分になって焦るんだね。焦ってしまうのは、締め切りが迫っているときだけ？」

「待ち合わせの前に準備をしているときも、同じような気持ちになります」

「ということは『時間』というのが、君のキーワードなんだね。間に合わなかったらどうしようと、不安になるのかな？　じゃあ、今抱えている仕事の中で、締め切りが迫っているのは、具体的にどれ？」


そうして、締め切りが迫っている仕事をテーブルの上にすべて並べてもらい、

「どうすれば、焦らずに進められると思う？」

などと、ミスを防止する方法を本人に考えてもらうのです。

ほかには、締め切りが早い順からＴｏＤｏリストに書きだしてもらい、一緒にスケ

ジュールを確認しながら取り組むことで、焦らずに済むかもしれません。

相手をおだてて調子に乗せる

このとき、**相手を褒めて責任感を持たせる**というのも重要なポイントです。

「あなたにこの仕事をやってもらうと、すごく助かるよ」

「あなたしか頼める人がいないんだから、締め切りは絶対に守ってね」

こういった言葉をかけ、頼りにすることで、本人のモチベーションが高まり、積極的に取り組むようになります。

特にタイプ①と②の困ったさんは、調子に乗ると過集中になるくらい、熱心に仕事をしてくれます。誰かの役に立っているという思いが、彼らのモチベーションになります。やる気を上手に促しましょう。

Scene 7

無茶ぶりをうまくかわしたい——

「この仕事は○○さんに振っていただくことは可能でしょうか？」

「○○さん！　□□の仕事もお願いするね」

「私が□□の仕事をするように、という指示ですね？」

「そうだね。頼むよ」

「実は現在、△△の仕事と××の仕事を抱えていまして、時間に余裕がない状態です。ですので、この仕事は○○さんに振っていただくことは可能でしょうか？」

昭和の価値観を引きずるタイプ⑤世代ギャップの困ったさんは、後輩や部下の都合を考えずに、次々と仕事を指示することがあります。

特に、「優秀なエースが職場を引っ張るべきだ」という価値観を持っている管理職は、なんでもかんでも優秀な部下に押しつけて職場全体の成績を上げようとします。

こういう困ったさんに対しては、**断ることを恐れてはいけません。**断ることを恐れると、自分の気持ちをごまかすことになります。

相手を尊重しながら自分の意見も主張する

人は誰しも自分を大切にして、心を偽《いつわ》らずに生きる権利があります。ただし、**断るにあたっては相手を尊重することも大事**です。

相手を尊重しながら自分の意見を主張するコミュニケーションの手法を「**アサーションスキル**」といいます（↓72ページ参照）。

アサーションのプロセスを4つに分解したものが**DESC法**です。具体的にはDescribe（描写する）、Empathize（共感する）、Specify（提案する）、Choose（選択する）の4ステップで会話を進めるのでしたね。

この方法を応用すると、次のようになります。

● Describe（描写する）

相手の行動や解決しようとする課題の状況について客観的に描写し、事実のみを伝えます。たとえば、

「私が□□の仕事をするという指示ですね？」

と描写します。**主観的な意見や感情を入れないのがポイント**です。

● Empathize（共感する）

「私を頼りにしていただき、ありがとうございます」

「私の能力を評価していただき、大変うれしいです」

など、**相手に共感を示します。**仕事を断るシチュエーションでは、あえて共感を示さなくてもよい場合があります。

● Specify（提案する）

ここで自分の意思をはっきり伝えます。**現実的で実行可能な提案**を行いましょう。

「実は現在△△の仕事と××の仕事を抱えていまして、時間に余裕がない状態です。

ですので、この仕事は〇〇さんに振っていただくことは可能でしょうか？」

「◇◇の仕事でしたらできそうですので、お声がけください」

・Choose（選択する）

提案に対して相手が難色を示した場合、**代案を用意して提示**します。たとえば、次のような提案が考えられるでしょう。

「評価してくださるお気持ちはありがたいんですけど、部長、もう無理です。できません。〇〇さんに、私のほうから打診してみます。後で、またご相談に乗っていただけますか？」

このように、相手の気持ちに寄り添った上で自分の意見を冷静に主張すれば、険悪な雰囲気にならずに、現実的な解決策を探ることができます。

Scene 8

雑談ができない同僚と会話をするには――

「あれ？　○○さん髪切りました？」

「○○さん、おはようございます」

「……おはようございます」

「あれ？　○○さん髪切りました？」

「あ、はい」

「雰囲気変わりましたね。似合ってますよ」

最近は、雑談力のない人が増えています。社内のエレベーターで同僚と一緒になっても、ひと言も発しないでうつむいたまま、という人も結構います。

特にタイプ①ASDの困ったさんは、**基本的に感情表現が苦手で無表情**なため、周りの人から「怒っているのかな？」「私、嫌われている？」と、誤解されることがあります。

でも、困ったさんは決して心を閉ざしているわけではありません。

ただボーッとしていて、何も考えていないことがあるだけです。基本的にアイコンタクトも苦手なので、うつむきがちになってしまうのです。

挨拶をきっかけに会話の糸口を見つける

雑談ができない困ったさんに対しては、先手必勝でこちらから話しかけてみましょう。まずは、とにかく挨拶です。明るいトーンで「おはようございます」「お疲れさまです」などと挨拶をします。

ただしこのとき、相手からも挨拶が返ってくることを期待しないでください。

タイプ①の困ったさんには、「挨拶をしない文化」があります。

もちろん、悪気はありません。ただ、他人と挨拶をするというマイルールがないのです。

ですから、相手が挨拶を返してこなくても気にせず、**「相手はそういう文化で育ってきたんだ」と割り切る**ことが肝心です。

挨拶に続けて、自分から話しかけます。このとき自分にフォーカスしていると、何を話したらいいか迷ってしまい、言葉が出にくくなります。

まずは**相手を観察して、そこから会話の糸口を見つけましょう。**

「あれ？　○○さん髪切りました？」

「○○さん、いいネクタイしてますね」

相手に関心を持てば、何かしら言葉が出てくるはずです。ただし、男性が女性の外見に触れるのはやめておいたほうがよいでしょう。

独り言のようにつぶやくテクニックも

あるいは、相手に向かって直接話すのではなく「いつもと雰囲気違わない？　何が違うんだろう……」と、独り言のようにつぶやくテクニックも使えます。

何か言いたいことがあれば、相手のほうから「あ、髪を切ったんです」などと話してくるはずです。

独り言をつぶやいたとき、相手が無反応ならそのままにしておけばいいのです。

相手に話しかけたからといって、すぐにスムーズな雑談ができるとは限りません。自己開示能力の高い人は、相手にもすぐに自己開示を求めてしまいがちです。けれども、**自己開示能力には差があって、時間がかかるタイプも**います。ですから、焦らずに相手との距離をゆっくり詰めていきましょう。

Scene 9

くどい話を上手に打ち切りたい――

「帰りの電車の時間があるので、今日はここで失礼します」

「それで、○○が××で……、とにかく○○が××だったんだよね……」

「いやあ、すみません。もっとお話を聞きたいんですけど、帰りの電車の時間があるので、すみません。今日はここで失礼します」

「ああ、そうか」

「また今度、聞かせてくださいね」

「ああ、もうこの人の話は聞きたくない！　くどいなぁ」
こう思われる人の特徴は、次の3つです。

- 同じ話を延々と繰り返す
- 中身がない、面白くない
- 一方的に自分ばかり話し続ける

タイプ①ASD、②ADHDの困ったさんは、自分が好む会話を延々と続ける傾向があります。また、タイプ⑤世代ギャップの困ったさんの中にも、昔話ばかりする人もいます。

タイプ①の困ったさんは、自分が興味のある話だけを続け、興味がないときには、その場からいなくなります。一方でタイプ②の困ったさんは、話している内容がどんどん変化します。とにかく興味のおもむくままに一方的に話し続けます。タイプ②には頭のいい人も多く、話自体は面白いのですが、1時間も2時間も話し続けるので、相手はたまったものではありません。まさに、おしゃべりモンスターですね。

マシンガントークにどうやって割って入るか？

くどい話は、上手に打ち切りましょう。ポイントは次の3つです。

ひとつめは**「ちゃんと聞いていますよ」ということを表す**こと。「自分の話を聞いていないいな」と思うと、相手はかえってしつこく話そうとします。ですから、**適度にあいづちを打ちつつ、話の内容を反復してフィードバック**します。

2つめは、**話に割り込んで流れを変える**こと。あえて口ごもるのもいいでしょう。「ちょ、ちょ、ちょっといいですか。○○さんは××ということを仰《おっしゃ》りたいんですよね？　ただ、それはこの間の会議で、□□ということに決まりましたよね？」

マシンガントークをしている人に対して普通に会話を差し挟もうとすると、相手の話のスピードが速いので、スルーされがちです。そこで、あえて口ごもりながら割り込むことが重要です。「ちょ、ちょ、ちょっと」の間隔で、ブレーキペダルを踏んで急ブレーキをかけるようなイメージです。

相手は自分のことだけを考えていて、周囲の人の気持ちをくみ取ることが苦手です。

自分がどれだけ長く話し続けているのかすら、気づいていないこともあります。

ですから割り込まれたタイミングで、やっと話し相手に注目してくれます。

会話に割り込むことができたら、「○○については、□□すればいいということですね」と確認をしたり、今までの話をまとめてフィードバックしたりすることで、自分のペースに持っていきます。


そして3つめのポイントは、「強制終了」です。**こちらの都合で仕方なく話を打ち切らなくてはいけない**と伝えることです。

「いやあ、すみません。もっとお話を聞きたいんですけど、**帰りの電車の時間があるので、すみません、今日はここで失礼します**」

「次回お会いしたときに、この続きをお聞かせください。楽しみにしています」

「うわぁ、残念だけど時間がないな。もっと話したかったのに……ではまた今度」

これなら、相手は話を途中で打ち切られても、悪い気持ちにはなりません。

Scene 10

朝令暮改上司をコントロールしたい

「どちらを採用したらよろしいですか？」

「○○さん、◇◇の案件を大至急進めてね」

「係長は今朝、◇◇の案件はいったんペンディングにして、××の企画書作成を先に進めるようにとお話しされていましたが、今は◇◇の案件を大至急とおっしゃいました。
どちらを採用したらよろしいですか？」

「あー、そうだったか。じゃあ、やっぱり××から先に進めようか」

「かしこまりました」

「朝令暮改上司」と呼ばれて嫌われる管理職がいます。朝令暮改というのは、朝に出した指示を夕方になる頃には大きく変えている、という意味です。

タイプ②ADHDの困ったさんは、そのときの気分や興味で意見をころころ変えていくので、「昨日話していた内容と全然違う」ということが頻繁に起こります。

こういう人が管理職になると、指示に一貫性がなくなり、部下を混乱させます。

ただ、理解していただきたいのは、**朝令暮改上司は意地悪で指示を変えているのではなく、忘れっぽい特性がそうさせている**ということです。ほかの能力は優れていても、ワーキングメモリと呼ばれる「情報を一時的に保存しておくシステム」がうまく機能しないのです。

こまめな確認で方向性を明確にする

こういう上司に対しては、とにかくこまめな確認が重要です。

「係長は今朝、◇◇の案件はいったんペンディングにして、××の企画書作成を先に進めるようにとお話しされていましたが、今は◇◇の案件を大至急と仰いました。**どちらを採用したらよろしいですか？**」

このように、きちんと確認した上で上司の指示に従います。こうすれば、最終的な責任は上司が取らざるを得ません。

ほかにも、ことあるごとに「この指示の目的はなんですか?」「最終的なねらいはどこにあるのでしょうか?」などと、質問を通じて確認しましょう。

質問されることで、**上司の方向性が明確に**なります。

「ボスマネジメント」で自分の身を守る

定期的に方向性を確認することで、目先の数字や成果だけを追いかけていた上司にも**目的意識**が育っていきます。こういった上司を育てる**ボスマネジメント**をしていけば、上司に振り回される回数も減ってくるに違いありません。

併せて、自分の身を守るために**先の見通しを立てることを習慣づけて**おきましょう。

たとえば、Aの指示を受けたら、「後でBって言われるかも。Cもあり得るな」といった、なんとなくの目安をつけておくのです。

慣れてくれば、上司の指示変更の傾向をつかむことができます。「指示が変更されるのを見越して、一晩手をつけずに寝かせておく」などの対応ができるようになります。

あるいは、先手を打って次のように確認するのもよいですね。

「係長、この案件については、A・B・Cの作業が必要となります。今係長はAを進めるように仰いましたが、今日はAでいいんですよね？」

困ったさん上司に振り回されないためには、**自分が上司をコントロールする、ボスマネジメントの意識を持つ**ことが重要です。

Scene 11

頻繁に「打ち合わせをしよう」と言う人に——

「具体的にどの件についてでしょうか？」

「一度お目にかかって、打ち合わせをお願いしたいのですが……」

「何についての打ち合わせでしょうか？」

「先日お話ししていた新しい企画のことで、まずは意見交換をしたいと思いまして」

「ごめんなさい、ちょっと失念している部分もあるのですが、具体的にどの件についてでしょうか？」

「まずは企画の進め方について、確認ができればと思っております」

「それでしたら、オンラインでお話しすることは可能でしょうか？」

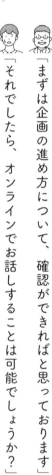

仕事において、何かにつけ「打ち合わせをしましょう」と言いだす人がいないでしょうか？　昭和の時代は、仕事において「お茶する」時間を取ることに抵抗がありませんでした。⑤の世代ギャップタイプの中には、今でもこの誘い文句を気軽に言う人がいます。

現代では、タイパ（タイムパフォーマンス）という言葉に象徴されるように、さっさと効率よく仕事を片づけて、プライベートを充実させようとする人が多いのです。仕事の打ち合わせの際に、**中身のない話ばかりをする**人は迷惑がられるでしょう。中には仕事の話をせずに、お茶やお酒を飲みながら愚痴や不満を吐き出そうとする人もいます。

私の辞書に「時間をつぶす」という言葉はありません。あなたの辞書にもおそらくないことでしょう。時間は宝物です。ムダな打ち合わせのために、時間を奪われたくはありませんよね。

打ち合わせは「具体的なテーマ」を確認してから

仕事につながらない打ち合わせは、きっぱりと断りましょう。ここでいい顔をしていたら、都合よく利用されるだけです。後悔しないためには、**提案されたアポを即決せずに、まずは今回のテーマをきちんと確認**しましょう。

「何についての打ち合わせでしょうか？」と尋ねて、今回の打ち合わせのテーマを明らかにします。相手が内容をあいまいにしながら食い下がってきたときは、もう一度質問します。マジックワードは「**具体的に**」です。

「ごめんなさい、ちょっと失念している部分もあるのですが、**具体的に、どの件についてでしょうか？**」

手短に済ませたいなら「オンライン」か「時間を制限」

このようにして、打ち合わせのテーマや内容が明確になった上でアポに応じるかどうかを判断します。**手短に済ませたい場合は、オンライン会議を提案**するのもよいでしょう。オンラインのほうが、定刻通りに終了しやすいからです。

それはリアル面談でも同様です。具体的な数字を使って、エンドタイムの期限を明示することが大切です。

「30分くらいでしたら、ビジネスの話ができます」
「提案をいただく内容はいくつありますか？　ひとつ程度でしたらお聞きする余裕があります」
「今日はこの後1件予定があるので、○時までなら時間がとれます」

いくら気が乗らない相手であっても、アポを承諾してからのドタキャンは失礼です。相手が困ったさんの場合でも、最低限のマナーを守り、相手への敬意を示しましょう。

それは、Ｙｅｓ／Ｎｏをはっきり伝えるということです。あいまいな態度は相手に誤解を与えます。ビジネス上、打ち合わせに応じる必要があれば応じる。その必要がなければ応じない。仕事相手は「お友達」ではないのですから、シビアに判断してかまいません。

「何のために会うのか」（目的）を常に意識して、打ち合わせに臨みましょう。

Scene
12

タイパ社員の攻略法――

「それでは5分だけでも、お時間をいただけないでしょうか？」

「どうして打ち合わせが必要なんですか？」

「こちらの件については、微妙なニュアンスをお伝えする必要がありまして、ぜひご面談をお願いできますか？」

「結論だけ教えていただければいいんですけど……」

「それでは5分だけでも、お時間をいただけないでしょうか？」

これも⑤の世代ギャップタイプですが、前節の世代ギャップとは真逆のタイプです。こちらは、メールやチャットだけでコミュニケーションを済ませ、対面での打ち合わせをしたがらない困ったさんです。

Z世代は、**タイパを重視する**価値観を持っているといわれます。タイパとは「タイムパフォーマンス」の略語であり、**かけた時間に対する成果**のことを表します。短い時間で大きな成果を得たときには「タイパがいい（高い）」、逆に時間の割に成果が小さかったときには「タイパが悪い（低い）」と表現します。

Z世代がタイパを重視するようになった背景には、ネットやデジタルコンテンツの普及があるとされます。

ネット上には動画などのコンテンツが日々量産され、多くの情報があふれています。いちいちすべての情報に触れていたら、時間がいくらあっても足りません。そこで、若者は物心ついたときから効率的に情報を得る能力を養ってきたというわけです。

「タイパが高い」代表的な例が、動画の倍速視聴やニュースの要約ページです。タイパを高めるという観点では、映画の結末を知ってから倍速で観るのも、決して不思議なことではありません。

タイパを重視しすぎると信頼関係の構築が後回しに…

ビジネスシーンでも、タイパ重視の人は社交辞令や挨拶などを省略して、すぐに用件に入ろうとします。ただ、結論を急ごうとするあまり、信頼関係の構築や前提の共有がおざなりになってしまうのは問題です。

タイパを重視する困ったさんに細かいニュアンスを伝えたいときには、多少のごり押しをしてでもリアルなコミュニケーションの機会をつくりましょう。


「直接お会いして、〇〇についてお聞きしたいので……」

「微妙なニュアンスをお伝えする必要がありまして……」

などと、直接面会をする必要性を伝えます。

「文章だけのやり取りで誤解があってはいけませんので……」

という理由も、有力な説得材料となります。

面会時間はあえて短めに申告を

面会時間を短めに提案するのもよいですね。本当は1時間かかる面会も「30分でかまいませんので」、10分かかる場合は「3分だけください」のように短めの時間を提案します。

私自身、講演をしていて時間が延びそうなときには、「あと3分ください」と呼びかけることがよくあります。結果的に3分以上話してしまうこともあるですが、不思議と文句を言われることはありません。

人は**終わりの時間が見えない状況にはイライラしますが、「5分ください」などと時間を提示されると、意外と受け入れることができる**のです。

特に、タイパ重視の人はたくさんの予定を詰め込んでいることが多いので、明確な数字を提示して期限を決めることが重要です。

Scene 13

探りを入れてくる同僚に――

「そうだな。後任かぁ。いやぁ、う〜ん」

「ねえ、聞いた？　○○さん、退職するんだって」

「ふーん。初めて聞いたな」

「次、誰が部長になるんだろう。A課長か、B課長か、どう思う？」

「そうだな。後任かぁ。いやぁ、う〜ん……」

「オレはA課長が狙っていると思うんだよね」

「なるほどねー。いやいやいや……大変だな、月末はいろいろあって……」

あなたの会社には、人事の噂が大好きで、思い込みや憶測に基づいたゴシップを話している人がいないでしょうか？

もしかすると②のＡＤＨＤタイプかもしれませんし、③の愛着障害タイプや④のトラウマ障害タイプの中にも少数いるかもしれません。
②のＡＤＨＤタイプが噂をしている場合は、他意はありません。**単純に「面白がって」いるだけです。**無邪気さはよいのですが、噂を流された人の気持ちには思いが及びません。そのため、そんなつもりではなかったのに……というトラブルに発展しやすくなります。
逆に③の愛着障害や④のトラウマ障害のタイプが噂をする場合は、**自己防衛の気持ちが働いている**ことが多いです。「ゴシップが悪い方向へ伝わるといい」と思い、噂が流れることで「私」にメリットがあると判断した場合にそうします。

こういった人の会話に巻き込まれると、いつの間にか自分もよからぬ噂を流した当事者に仕立て上げられていて、無用なトラブルを抱えることにもなりかねません。

結論から言えば、**「余計なことは口にしない」**に尽きるのですが、噂話をきっぱり打ち切るのも気まずいと思います。

そこで、とりあえずは相手の話を受けとめます。

「あぁそうなんだ、初めて聞いたよ」

「○○部長、お辞めになるんだ。確かに部長のポストが空くよな。なるほど」

自分が知っている情報や感想は付け加えず、あいづち代わりにまとめてフィードバックを行います。意見や感想を求められたら、**あいまいな言葉でやり過ごし**ます。

「**そうだな。後任かー。いやぁ、う〜ん……**」

「**う〜ん、そうですねぇ……、えー、どうでしょう?**」

もちろん会議やミーティングの場では、5W1Hや数字を明確にして論理的に話すことが不可欠です。しかし、それ以外の場面では**あえて言葉にならない言葉を使ってコミュニケーションを取ることも重要**です。

感嘆詞やあいづちでやり過ごしても会話は成立する

相手の問いかけに対して、まともに答えようとするから言葉が出てこなくなります。まともに答えるのではなく「まあまあ」「なるほどな」「そうなんだー」などのあいづちを打ったり、「いやいやいやいや」「あぁ……」などの感嘆詞を使ったりすると間《ま》を持たせることができます。

「う～ん、そうですねぇ……」のように語尾を伸ばしていると、沈黙は怖くなくなります。次のように会話をズラして切り上げるのもひとつの手です。

「いやいや……大変だな、月末はいろいろあってさ……」

「おっと、もう会議の時間だった！」

それでも執拗《しつよう》に意見を求められたら、**「意見はあるけれど、ここでは言いたくない」**ときっぱり断りましょう。これで気まずくなってもかまいません。

壁に耳あり、障子に目あり――どこで誰が聞いているかわからないのが噂話です。不用意な発言をしないのも、安易な噂話に乗らないのも、重要な処世術です。

Scene 14

SNSに勝手に投稿する同僚に――

「本当に嫌なんです。この場で削除してもらえますか？」

「○○さんと□□さんのこと、SNSにアップしておいたよ」

「私の話をアップするのはやめてください。
□□さんも嫌がっています」

「でも、悪口を書いているわけじゃないんだし、
このくらい、いいじゃない？」

「いえ、本当に嫌なんです。この場で削除してもらえますか？」

「今日、隣の課の○○君と飲みに行きました。○○君は結婚を考えている彼女がいるけど、彼女のお父さんに反対されて困っているとのこと。私は○○君がいい人なのをよく知っているので、応援したい気持ちでいっぱいです。頑張れ○○君！」

タイプ②のADHDタイプに分類される困ったさんは、相手の許可を取らずにSNSでこのような個人情報をアップしてしまうことがあります。

決して悪気があってやっているわけではなく、「エールを送りたい」とか「楽しかった思い出を共有したい」という善意で行っているのです。しかし、悪気がなければ何を言っても許されるわけではありません。

まずは防衛策として、**この手のタイプの人には知られたくない大事な情報は伝えないことです。**

その上で、**明確に自分の気持ちを伝えましょう。**相手を気遣ってやんわり伝えようとしても、丸めこまれたり、勢いにのまれるのがおちです。

「家族も迷惑しているので、私の話はもうアップしないでください」

「ストーキングなどのトラブルにつながるとよくないので、プライベートな情報は出さないでほしいです」

このように、はっきり伝えるべきです。**明確な理由も添えると納得度が高まります。**

タイプ②の困ったさんには素直な性格の人が多いので、注意をされたら「ごめんなさい」「それは失礼しました」などの謝罪の言葉が返ってくることも多いです。

けれども、本心から反省しているわけではなく、「このくらい自分だったら気にしないのに」「悪口を書いたつもりはないんだけどな」などと軽く考えています。

放っておけば、また同じようなことをされる可能性があります。**その場で削除を求めるなど、具体的にしてほしいことを伝えましょう。**

こちらが反応するまで、メッセージを送り続ける人には？

ところで、SNS関連ではLINEやビジネスチャットなどで応答がないと、しつこくメッセージを送ってくる人がいます。**自分の都合だけで、相手の迷惑を想像することができない困ったさん、タイプで言うと①のASDタイプや④のトラウマ障害タ**

イプに代表される行動です。どちらも、固執するとしつこいところがあります。

こういった人はまず、放置するのが一番です。

しかし、それが逆に相手の不安をあおり、過剰なメッセージを送りつけてくる、頻度がエスカレートする、ということがないとも言えません。

そういう場合は、

「今、業務が立て込んでいるので、半日は回答できません」

「今日午後から早退するので、また明日、お返事します」

このように、とりあえずひと言だけでもメッセージを返信しておきましょう。

それだけでも相手は少しの間、メッセージを控えてくれます。そしてすぐに、上司や頼れる立場の人に相談しましょう。

Scene 15

俺様社員を職場で輝かせるために

「君が優秀なのはわかっているよ」

「同期の○○君は□□のプロジェクトリーダーに選ばれたのに、
どうして自分はなれないんですか？」

「もちろん、君が優秀なのはわかっているよ。
ただ、あのプロジェクトには××の能力が必要だったので、
○○君が選ばれたんだ。
君は、それより△△方面の能力が優れていると思うから、
そういう力が必要なプロジェクトを任せたいと思っているんだ。
期待しているよ」

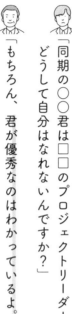

「俺様社員」という言葉をご存じでしょうか？　俺様社員とは、自分のことを「デキる人」「優秀な人材」と思い込んでいる社員の総称であり、本書のタイプ別で言うと、タイプ④トラウマ障害の傾向のあるタイプ⑤世代ギャップの中に存在します。

俺様社員は、**自分のことを棚に上げ、上司や会社に対する批判**を延々と口にします。特に、自分とはかけ離れたポジションにいる取締役や経営幹部に対する不満を堂々と述べるのです。

俺様社員が登場した背景には、ＳＭＡＰの『世界に一つだけの花』（２００３年）という楽曲が大ヒットした時代、ゆとり教育（２００２年度以降）が導入され、**個性を尊重する風潮**があったとされています。競わずに「自分の能力」を大切にしようとしました。

ですから、俺様社員はまったく仕事ができないというわけではなく、留学経験があったりＭＢＡホルダーだったりと、能力が高い人も含まれます。

上司として俺様社員の部下と関わる場合は、俺様社員の能力を上手に生かせるように声をかけたいところです。

俺様社員とは信頼関係の構築からスタート

では、具体的にどのようにアプローチしていけばよいのでしょうか。

俺様社員は**人の好き嫌いが激しく、**同じ内容であっても**嫌いな人から言われると拒否し、好きな人から言われると従う**という特徴を持っています。

ですから、まずは**信頼関係の構築**を図りましょう。信頼関係を築くためには、**相手のよいところを徹底的に褒める**のが一番です。

先ほどの例で言えば、プロジェクトリーダーに選ばれないという不満を漏らす部下には**「君が優秀なのはわかっているよ」「いつも頑張っているのは知ってるよ」**といった言葉をかけます。

次にリーダー選定の根拠や基準を伝え、さらに相手の能力を褒めて期待の言葉をかけます。

「あのプロジェクトには××の能力が必要だったので、○○君が選ばれたんだ。君は、それより△△方面の能力が優れていると思うから、そういう力が必要なプロジェクトを任せたいと思っているんだ。期待しているよ」

本人は、能力の差や上司の好き嫌いでプロジェクトリーダーが選定されていると思い込んでいるので、正しい根拠を示すことには大きな意味があります。

褒め言葉がアメだとすれば、正しい根拠はムチに相当するでしょうか。**信頼関係をつくった上で「ダメなものはダメ」とビシッと伝える。**このアメとムチのメリハリが重要です。

俺様社員が職場の同僚だった場合は、普段から褒めて認めてあげることを意識しましょう。落ち込むと自信をなくして、モチベーションを回復させるのに時間がかかってしまうからです。

「自信をなくしている場合じゃないよ。君ぐらいの能力があれば、いつかはプロジェクトにも呼ばれるはずだよ」

このくらい大げさにおだててもかまいません。

ところで、俺様社員が特定の個人を非難している場合は、安易に同調すべきではありません。250ページでお伝えした噂話を持ちかける人への対応と同様に、**あいまいなあいづちで受けとめる**にとどめましょう。

Scene 16

誤解を招いてしまったら――

「あなたは自分に対して何か言われたような気がしたのね」

「Aさんが今年の社長賞に選ばれたんだってね、すごいね」

「それって、私に対してもっと頑張れって言ってるんですか？
○○先輩は、そうやってすぐAさんと私を比べますよね」

「私はただAさんのことを話しただけなんだけど、
あなたは自分に対して何か言われたような気がしたのね。
それは考えすぎだよ。
ところで、仕事のことで何か困っていることがあるの？」

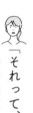

タイプ①から⑤までの領域にまたがって、少人数ではありますがどのタイプにも見られる言動があります。それは**他人が発する言葉を素直に受けとらず、ひねくれた解釈をする点**です。彼らは思い込みが激しいようです。

たとえば、「みんな、そう言ってるよ」「絶対そうだよね」という言葉を聞くと「みんなって誰ですか？」「絶対なんてあり得ません！」などとくってかかります。**相手の言葉に過敏に反応して、攻撃的になってしまう**のです。

このケースでも、先輩が「Aさんが今年の社長賞に選ばれた」と話しただけなのに、なぜか卑屈に捉えて「Aさんと自分を比べられた」「もっと頑張れと言われている」と勝手に解釈しています。

こういった場合は、次のようにまとめてフィードバックと確認を行います。

「私はただAさんのことを話したんだけど、**あなたは自分に対して何か言われたような気がしたのね**」

こう返すことで、「あ、自分に何か言われたわけではなかったのか」と気づくことができるのです。

安易な励ましよりも問いかけと相談を

被害妄想が激しい人は、いつも自信がないので、実際に被害を受けていなくても被害者意識を持つわけです。こういうタイプの人に対して、「あなただっていいところがあるでしょ。ちゃんと仕事ができるんだから、もっと自信を持ちなよ」などと軽く励まそうとしてもうまくいきません。それどころか、逆にひねくれた気持ちをこじらせてしまうおそれがあります。

大事なのは**励ますより前に、相手の話に耳を傾け、相談に乗ってあげること**です。

「仕事のことで何か困っていることがあるの?」

「どうしてそういうふうに思うの?」

「あなたは自分にどういう能力があると思っている? 逆に、苦手なものは何?」

こういった問いかけを通じて、相談モードに入っていきます。本人がAさん個人に対して何か含むところがあれば、次のように聞いていく方法もあります。

「Aさんの話を出されたことで、ちょっと嫌な気分になったんだね。

せっかくAさんの話が出てきたから聞きたいんだけど、あなたはAさんのことをどんなふうに思っているの？」

本人の話をひと通り聞いた後に、
「Aさんとあなたは○○のところに考え方の違いがあって、それぞれいいね」
と認めると、安心して納得するのではないでしょうか。

この会話の目的は、今回**被害者意識を持ったきっかけについて事実確認**をすること、そうすることで妄想であることを認識してもらうことです。

さらに、本人とAさんについて客観的に話し合いましょう。**お互いの性格や能力の違い、そして長所と短所を洗い出す**ことも有用です。

そこから先は、たくさんその人を褒めましょう。

これが何より大切です。

Scene 17

言葉をそのまま受けとめる困ったさんには——

「すべての在庫数を○○さんが記入して、△日までに提出してもらえるかな？」

「○○さん。□□の在庫って今、どうなってる？
ちょっと、確認してきてくれないかな？」

「はい。わかりました」

「あ、ちょっと待って。月末に棚卸しがあるから、
正確な数を知る必要があるんだ。
すべての品目ごとに在庫の数を○○さんが在庫表に記入して、
△日までに××課長に提出してもらえるかな？」

「すべての在庫数を記入して、△日までに課長に提出ですね。わかりました」

言葉の微妙なニュアンスや相手の意図を汲みとることができず、額面通りに受けとめる。これは、特にタイプ①ＡＳＤの困ったさんに見られる行動です。

典型的な例で言うと、上司から「郵便物が届いているか、見てきて」と言われた部下が、ただ郵便受けを見ただけで帰ってきたという話があります。

常識的に考えると「郵便物が届いているか、見てきて」という言葉の裏には**「郵便物が届いていたら取ってきてほしい」というお願いが含まれています。**

けれども、困ったさんは文字通り「見てきた」だけで自分の役割を果たしたと考えてしまうのです。


子育てでも、「ちょっと買い物に行くから赤ちゃんを見ててね」と言われた父親が、子どもが泣いているのに何もしなかったという話をよく耳にします。帰ってきた母親（妻）から「何をやっているの！　赤ちゃんが泣いているじゃない！　おむつも交換してないし！」と非難されても、本人は悪びれる様子がありません。

「いや、言われた通り、ちゃんと赤ちゃんを〝見ていた〟よ（見ているだけ）」と言うわけです。

さらにこんなケースもあります。「今日のお昼、外で食べようよ」と言われた人が、「嫌だよ。雨が降ってるじゃない」と答えました。もうおわかりですね。言葉をそのまま受けとめて、「雨が降っている〝屋外で〟食事をする」と解釈したというのです。ここまでくると、さすがに笑ってしまいます。

主語を入れて具体的な指示を与えよう

さて、言葉をそのまま受けとめる人に向かって「在庫を確認してきてね」とお願いしたらどうなるでしょうか?

「在庫があるかどうかを確認してきました。確かにそこにありました」という意味で、「在庫を見てきました」と言われる可能性があります。

言葉の裏を読んだり、行間を読み取るのが苦手な人に、ニュアンスを汲みとるよう期待するのは難しいでしょう。それならそれで、より具体的にこちらが指示する必要があります。たとえば、

「月末に棚卸しがあるから、正確な数を知る必要があるんだ。すべての品目ごとに在

庫の数を○○さんが在庫表に記入して、△日までに××課長に提出してもらえるかな？」

このように、「主語や期限」「何をどのように」「どんな手段で」してもらいたいかを明確に伝えましょう。

なお、伝達するときに注意したいこととして、**聴覚情報だけで相手が指示を適切に受けとれるか**という点にも留意が必要です。耳で聞いてすぐに指示を理解できる人と、紙に書くなどして視覚に訴えないと理解できない人もいます。体感的に〝肚落《はら》ち〟しないと行動できない人もいるので、相手の〝感覚受信器〟にも意識を向けて接することが重要です。

最後に、お互いの認識のすれ違いを防ぐために、**指示を受けた本人に内容を復唱してもらい、確認し合う**ことを徹底するとよいでしょう。

Scene 18

人前で叱る相手と対戦する――

「どのようにすれば改善されるとお感じか、ご意見を頂戴できますか？」

「だから、あなたの〇〇なところが間違っているんだよ」

「え、私の〇〇なところが……、
あー……そんなに心配してくださったということですね。
ありがとうございます」

「本当にわかっているの？」

「部長が私の〇〇なところを歯がゆいと感じていらっしゃることは十分理解しました。それではこの先、私はどのようにすれば改善されるとお感じでしょうか。ご意見を頂戴できますでしょうか？」

感情にまかせて他人を罵倒するけれど、しばらくすると、自分が罵倒したことすら覚えていない。こうした〝瞬間的〟なハラスメントをするのがタイプ①ＡＳＤ、②ＡＤＨＤの困ったさんです。

このタイプの困ったさんに対しては、言われたことを**右から左へと受け流す**のが最善策です（２１８ページ参照）。


一方、タイプ③愛着障害、④トラウマ障害の困ったさんは、他人を罵倒した後、時間をおいてまた同じ内容でしつこく攻撃してくることがあります。

ネチネチと攻撃してくる人に対しては、相手が何に対して怒っているのかという事実と感情をフィードバックします。たとえば、

「部長は、私の〇〇というところに対して怒っていらっしゃるのですね」

というように、フィードバックします。

ただし、人は怒っているときには、すべての感情をすぐに発散したいものです。悠長に「怒っているんですね」とフィードバックすると、かえって相手をイラつかせることもあるかもしれません。そこは柔軟に対応してください。

コツは、**あえて正確にフィードバックをしない**ことです。

「えっ!? 私が……ですか。それで部長は……？」

このように、あいまいな言葉でフィードバックをして、間《ま》を取りながら相手を受けとめます。

続けて、（不本意な感情はさておき）次のように続けます。

「いろいろご心配をおかけしました。ありがとうございます」

「心配してくださったということですね。ありがとうございます」

その先は、「どうしたらよいか」という解決策を尋ねても、「そんなことは自分で考えろ」と言われるのがオチなので、相手の意見や感想を求めましょう。

たとえば、次のような感じです。

「えっ、あ……（間を取る）部長が私の○○なところを歯がゆいと感じていらっしゃることは十分理解しました。

いつもご心配をかけてしまい、申し訳ないかぎりです。

それではこの先、私はどのようにすれば改善されるとお感じでしょうか。

ご意見を頂戴できますでしょうか？」

攻撃が止まらない場合は証拠を揃えて会社に訴える

相手が感情的になっているときほど、あくまでも冷静に意見や感想を引き出していく作業が重要となります。

それでも相手からの攻撃が止まらない場合は、人事部やハラスメント相談窓口にすみやかに相談しましょう。

相談するに先立って、**叱責を受けているときの動画や音声を記録しておく**ことをおすすめします。あるいは**日記などに日時や言われた内容を細かく記録しておくと、後々重要な証拠**となります。

それだけ揃えて会社へ訴えれば、会社側も真剣に対応、もしくはハラスメント認定をしてくれるはずです。そうなれば、異動・転勤も含めて同じ部署にならないように配慮してくれます。

泣き寝入りをするのは、自分にとっても職場にとっても、決してよいことではありません。自分の身を守るためにも、毅《き》然《ぜん》と対応しましょう。

第3章のまとめ

▷ 困ったさんと会話をするときは「カウンセリングマインド」で

- 相手を受容し、共感的理解を示すことで、会話の対立を避ける
- 〈会話の公式〉＝「まとめてフィードバック＋質問」を活用し、相手の意見を尊重しながら会話を深める

▷ あいづちの使い方を工夫し、会話を円滑にする

- 相手の感情に合わせて「あぁ……」「うん」「へぇ」などを使い分ける
- 「わかります」と軽く共感するより、相手の言葉をフィードバックするほうが効果的

▷ ネガティブな言葉を「マイルドに変換」して返す

- 「○○できない」→「ちょっと難しく感じているんですね」と言い換える
- 相手のネガティブな発言を増幅させないように、ポジティブな要素を引きだす

▷ 意見を押しつける相手には「質問」で対応

- 「○○が正しい」と主張する相手には、「何を根拠にしていますか？」と客観的な視点で質問
- 「過去に○○案が採用されたことがありますが、今はどうでしょう？」と過去の実例を挙げて選択肢を示す

▷ 感情的な相手とは距離を置き、冷静な対応を心がける

- 衝動的な怒りや感情的な叱責に直面したら、その場を離れるのも有効
- 「今は受け答えが難しいので、少し時間をいただけますか？」と冷静な話し合いの場をつくる

▷ 言葉通りに受けとめる相手には、「具体的」に指示する

- 誰が何をやるのか、「主語」「期限」「手段」などを入れて伝える
- 指示をした相手に内容を「復唱」させ、理解度を確認するのも効果的

終章

「困ったさん」に
振り回されない！
自分の感情との
上手な付き合い方

「自分軸」を持てば振り回されなくなる

ここまで、タイプ別やシチュエーション別に、困ったさんの攻略法を見てきました。みなさんにはぜひ、困ったさんに振り回されず、自分の心を守りながら、充実した仕事人生を過ごしていただきたいと思っています。

そのために必要なものが「**自分軸**」です。自分軸のある人は、**自分の大切にしている価値観や信念が明確で、それに基づいて発言や行動をしています。**

自分軸は①したいこと、②すべきこと、③できること、をそれぞれの円の中に箇条書きで書き出し、共通する（重なる）部分から見つけることができます。

たとえば、ある経営者は次のように考えました。

①したいこと＝企業経営、戦略構築
②すべきこと＝社員とその家族に責任を負い、経営を存続させること
③できること＝数年後を見据えたアイデアを出すこと、経費節減を考えること

「自分軸」の見つけ方

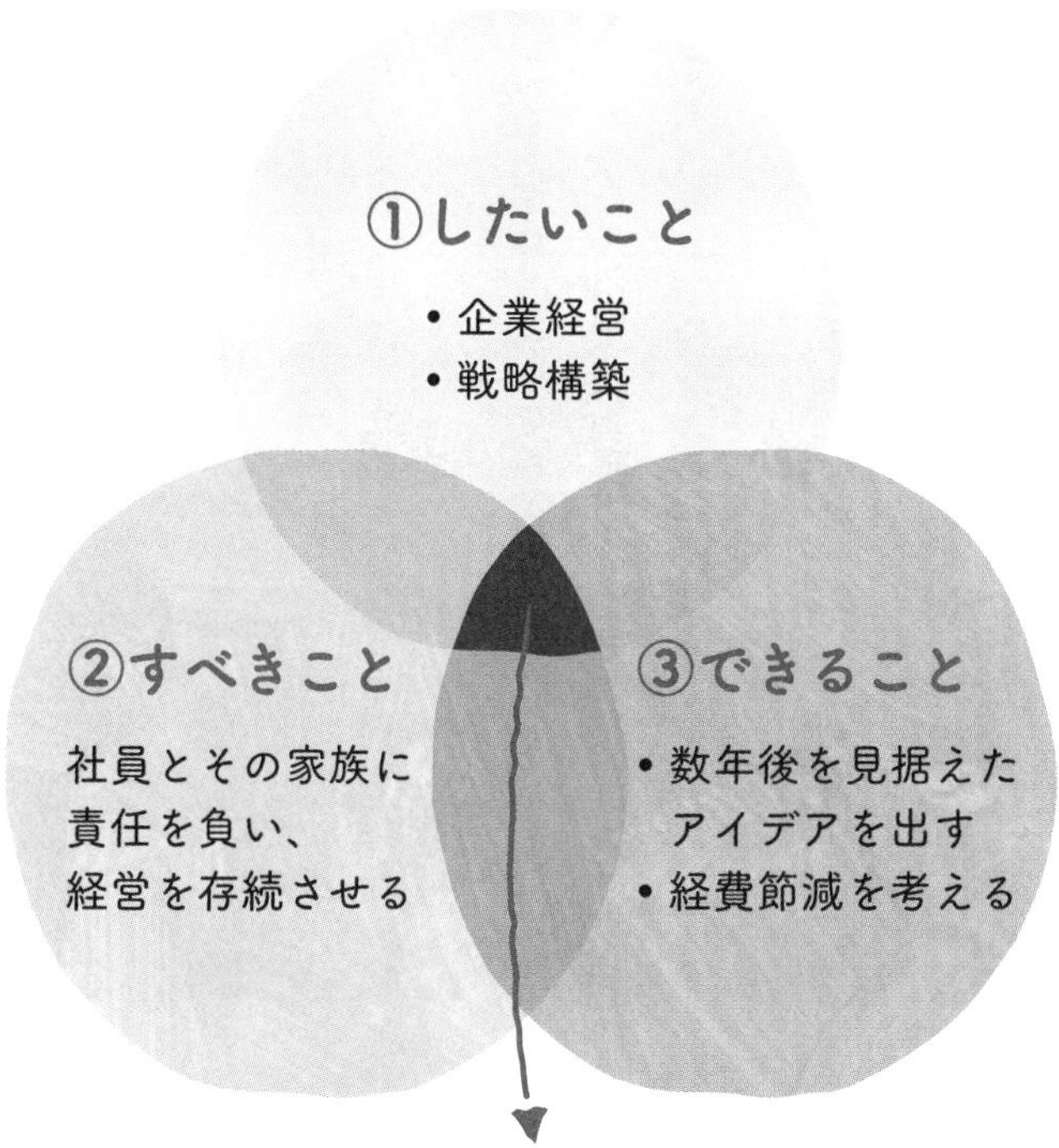
①したいこと
・企業経営
・戦略構築
②すべきこと
社員とその家族に
責任を負い、
経営を存続させる
③できること
・数年後を見据えた
アイデアを出す
・経費節減を考える

3つの円の重なりは？

“会社を存続させることを目的に、
経営のアイデアを創造・工夫する”

≫

「自分軸」

この3つの要素の重なりは「**会社を存続させることを目的に、経営のアイデアを創造・工夫する**」などと、まとめることができます。この3つの要素の重なりが「自分軸」です。

別の例も挙げておきましょう。

ある会社の企業秘書は、次のような自分軸を持っていると話してくれました。

①したいこと＝業務の効率化を図ること、ひとりでのんびりすること
②すべきこと＝社長の健康管理、事務室の整理整頓
③できること＝スケジュール管理、調査

↓

自分軸＝自由時間を確保しながら、社長を助けること。

これを見ると、仕事とプライベートを分けずに、両方を見据えた自分軸を設定することも可能であり、それこそが自分らしい働き方の実現につながるのだとわかります。

「自分軸」を基準に行動できる人が、自己実現を可能にする

自分軸がない人は常に周囲の評価や思惑を気にしている、つまり**判断基準を他人軸に置いているので、自分の意見がフラフラとぐらついている状態です。**

すると、上司や声が大きい（自己主張が強い）人の発言や判断に左右されることになります。他人にフォーカスして「あの人から嫌われているかも」「あの人は私をどう評価してるのだろう……」などと考えるうちに、どんどんつらくなり、ますます相手のことが頭から離れなくなるのです。

反対に、自分軸を持つと迷いがなくなります。

困ったさんに振り回されることもなくなります。

困ったさんタイプの上司の下で働く場合も、必要以上に上司の顔色を窺うことなく、**上司の権限を利用して、自己実現を図る**ことを考えられるようになります。

あなたもぜひ、①したいこと、②すべきこと、③できることから、自分軸を明確にしてみてください。その軸を基準に、発言や行動をしていきましょう。

自分の感情と上手に付き合おう

職場の困ったさんと関わっているとき、私たちは感情的になり、悲しくなったり怒りを覚えたりします。

感情は、簡単にコントロールできるものではありません。そうできないからこそ、悩んだり対人関係でトラブルを抱えたりするわけです。

まずお伝えしたいのは、**感情を無理に押し殺してはいけない**ということです。感情そのものに、いい／悪いはありません。感情を無理に押し殺そうとせず、**ただただその感情を味わい尽くす**ことも大事です。

たとえば、「悲しみ」は、何かを失ってあきらめざるを得ないときの感情です。喪失感いっぱいの状態であり、元気を出そうとしても出ないでしょう。悲しみにくれる人に対して私たちカウンセラーにできることは、ただ静かに、なくしたものがどれだけ大切であったのかを共有することぐらいです。

悲しみの真っただ中にいる間は、本当につらいことでしょう。こういうときは「なぜこうなったのか」と考えなくてもよいのです。ただただ「悲しいなぁ」という感情にひたってください。

泣きたいなら、とにかく泣けるだけ泣きましょう。こういうときは、特別な声かけをしなくても、ただそばに誰かがいてくれるだけでも癒やされるものです。

怒りや悲しみを感じたら、「スタックノート」に感情記録をつける

悲しみの感情を癒やす一番の薬は、「日にち薬」です。感情は時間の経過とともに必ず薄らいでいきます。

時間が経って感情が治まってきたら、**スタックノート**（**モヤモヤノート**）に、今回の怒りや悲しみが10（または100）のうちどれくらいだったか、出来事とともに記録してください。記録を続けていくうちに、どういう場面・条件によってその感情になるのかが明確になります。

感情と上手に付き合うためのコツは、**感情の裏にある「思い」を意識**することです。人は、自分の思いを心の奥底で抑え込んでいることがあります。その思いを意識すると、多少は感情をコントロールしやすくなります。

怒りの感情を持ったとき、心の奥底には「本来はこうであるべきなのに……」という、あなた自身の正義があります。正義は、あなたが大事にしたい価値観とも言い換えられます。その価値観が叶わないから、怒りを覚えるのです。

「～べきだ」は「～してくれるといいな」に換える

たとえば、「課長が口うるさいな！」と怒っている場合、あなたの中には「**もう少し部下に自由にやらせるべきだ**」という思いがあります。この正義感を強く求めすぎると、怒りの感情から抜け出すのが難しくなります。

「**できたら、上司はもうちょっと部下の自主性を重んじてくれるといいな**」

このように自分の考え方を少しだけゆるくすると、怒りの感情に振り回されるのを防ぐことができます。

「ネガティブな感情」との付き合いかた

- 感情を無理に押し殺さない
- ネガティブな感情を受けとめ、ただひたる
- 時間が経って、感情が治まってきたら、「スタックノート」に感情記録をつける
  - 指数を数値化：10のうちどれくらい？
  - 原因分析：どんな出来事によって引き起こされた？
- 怒りにとらわれそうになったら、思考を変える
  - ～するべき→～してくれたらいいな
  - 絶対～　→～とは限らない
    ～ということがあってもいい

生きるのがラクになって、ストレスも減る！

執着とは**ひとつのことに心をとらわれて、そこから離れられないこと**を言います。

人生は、本来楽しく豊かであるはずなのに、怒りに執着して縛られるなんて、もったいないと思いませんか？

怒りっぽい人は「絶対許せない」「絶対やらないとダメ」など、「絶対」という言葉を使いがちです。

今日から「絶対」をやめて、「**～とは限らない**」「**こういう場合があってもいい**」という捉え方をすると、生きるのがグンとラクになります。

困ったさんと接するときのストレスも、軽減されるはずです。

相手に期待しすぎない

あなたが人から裏切られたと感じるとき、そこには相手に対する期待があります。期待は「理想」と言い換えてもいいでしょう。

「困ったさんが○○してくれたら、職場のコミュニケーションがもっとうまくいくのに……。どうしてあの人はそれができないんだろう」

このように、相手に対して持っている期待や理想が叶わないので、裏切られたと不満に感じるわけです。

確かに、客観的に見てあなたの主張は正しいのかもしれません。でも、**正しい考えが通るとは限らないのが、世の常**です。**理不尽に感じることがあっても、あなたと異なる価値観の人と折り合いをつけていくことが大切**なのです。

あなたの期待を満たしてくれない人に向かって不満を抱くと、イライラしているあなた自身が疲弊します。

それよりも「できることをしてもらう」「できないことは自分がなんとかする」というくらいのスタンスで付き合ったほうが、肩に力が入らずに済みます。

もしかすると、**期待や理想通りにいかないところにこそ、人間が成長する余地があるのかもしれません。**

適度な距離を置くことで、バランスを保つ

困ったさんとの関わり方で私がおすすめするのは、**適度な距離を保つ**ことです。

もちろん犯罪やコンプライアンスに違反することがあれば、警察や弁護士などの専門家と連携して対応する必要があるでしょう。でも、そこまでいかないなら、**物理的距離や精神的距離を置く**ことでなんとかなります。

夫婦関係で言うと、物理的距離を取ることは離婚や別居を指しますし、同僚であれば異動願いや転職が物理的距離に該当します。

上司に相談して、フロアや部署内で席を離してもらうだけでも効果的です。物理的な距離を置くことで、実際に視界に入らなくなるので、気持ちがラクになります。

一方、精神的距離とは、**心の中でその人の存在と距離を取る**ことを言います。「あの人は別世界の人」と割り切って、**相手の言うことを聞き流す**のもひとつの手段です。

ふだんから、たとえ相手が目の前にいても、意識に上らせないように「考えない！」と決めて打ち消すトレーニングをしましょう。仕事はとにかく業務が回ればよいのですから、最低限のことだけをして、必要以上に相手に接しないように心がけます。

「どうせ、死ぬまでその人と付き合うわけでもない」「私の人生とは関係ない」

このように割り切って、心地よいものだけに囲まれて暮らすように意識すると、しだいに相手への関心も薄れます。

「割り切って困ったさんと距離を取ると、自分が冷たい人間になったように思える」という悩みを訴える人もいます。けれども、私はなにも相手を見捨てろと言っているのではありません。

たとえば、あなたが通りを歩いているとき、見知らぬ人が道に倒れていて「お腹が痛い」とうずくまっているのを目にしたら、どうしますか？　放っておけますか？　やさしいあなたは、「大丈夫ですか？」と声をかけるはずです。

困ったさんとの関係も、その程度でよいということです。**いつもは無関心でも、相手が病気になったときなどは人として必要なサポートをする。**その程度の精神的距離が「ほどよい」ということです。

どうしようもなくなったら、最後は「逃げてもいい」

さて、本書でお伝えするさまざまな方法を試し、どれだけ頑張っても、まるで状況が変わらなかったとしましょう。困ったさんによってあなたの人生が壊されると危険を感じたときには、躊躇《ちゅうちょ》せずに逃げてください。

あなたにとって何より大切なことは、自分の心を守ることです。

自分の心を守るためなら、いつでも逃げてOK。逃げることは、恥ずかしいことでも何でもありません。

「最終的には逃げればいい」という切り札を持てば、やれることはやってみようと前向きなチャレンジもできるはずです。

くれぐれも、気負いすぎないようにしてくださいね。

終章のまとめ

▷「自分軸」を持ち、他人に振り回されない

- ①したいこと ②すべきこと ③できること、の重なる部分を「自分軸」として明確にする
- 自分軸があると、他人の評価に左右されず、自分の価値観に基づいた判断ができる

▷ 感情を押し殺さず、上手に付き合う

- 怒りや悲しみを無理に抑え込まず、感情をそのまま受けとめる
- 「スタックノート」に感情を記録し、時間とともに薄れていくのを実感する

▷「〜すべきだ」を「〜してくれるといいな」に変換する

- 強い正義感や理想が怒りの原因になることがあるので、少し緩めた考え方を持つ
- 「絶対〜すべきだ」を「〜であるとうれしい」に変えることで、ストレスを減らす

▷ 相手に過度な期待をせず、適度な距離を保つ

- 「この人はこういう人だ」と割り切り、相手に期待しすぎない
- 物理的・精神的距離を取ることで、余計なストレスを回避する

▷ 最終的には「逃げてもいい」と考える

- どれだけ努力しても状況が変わらないなら、自分を守るために「逃げる」選択もOK
- 「最悪逃げればいい」という心の余裕を持つことで、前向きな対応ができる

おわりに

最後までお読みいただき、ありがとうございます。
本書でご紹介した「困ったさんへの対処法」が、明日からの職場のコミュニケーションに、すぐに役立つものであってほしいと願っています。

ここで、別の視点を投げかけて本書を終わりたいと思います。
ふだん私たちは、「困ったさん」に振り回されて迷惑を被《こうむ》っていると考えがちです。でも、そんなあなたもまた、知らずしらずのうちに誰かの「困ったさん」になっているかもしれない、ということです。

心理学には「シャドー」という概念があります。シャドーとは「そのように生きられなかったもうひとりの自分」のこと。えてして、このシャドーは、あなたが苦手だと思っている人と同じことが多いのです。

たとえば、口を開けば自分の自慢ばかりしている人がいるとしましょう。

あなたはその人のことを、「いつもエラそうに……」と、苦々しく思っているかもしれません。


でも、考えてみてください。その人のように、自分のことを素直に他人にアピールしたり自慢できたりしたら、気持ちよくないでしょうか。

おそらく、あなたは幼少期から、大人たちにこう言われてきたはずです。

「〝能ある鷹は爪を隠す〟だよ。人前ではいつも謙虚にね」

だから、ちょっと人に自慢したいようなことが起きたとしても、その気持ちをそっと胸の内にしまいこみ、何事もなかったかのように平静をよそおってきたのでしょう。


けれど、あなたが自慢しないのは、自分の成功体験を誰かに話すと妬《ねた》まれるかもしれない、（あなたも感じたように）相手を苛立たせてしまうかも……という恐れがあるからではありませんか？

こうした行動を繰り返しているうちに、大人たちに押しつけられた「いい子」が強化されて、あなたは「自慢したい」「人に褒められたい」という気持ちもどこかへ置いてきてしまったのではないでしょうか。

つまり、「苦手な人」「むかつく人」とは、あなたの心の奥底にある本能的な欲求を、そのまま表現している存在なのかもしれないということです。

あなたにとっての「困ったさん」は、ほかの人にとっては困ったさんではないかもしれない。また、その困ったさんにとっては、あなたが困ったさんなのかもしれない。だからこそ、私たちは「お互いさま」の心を忘れずに生きていきたいと思うのです。困ったさんにもいいと思えるところがたくさんあるはずです。そこにフォーカスして付き合っていけば、職場はもっとポジティブな〝オーラ〟で満たされていくことでしょう。

これはもちろん、一方的に我慢するとか、自己犠牲を強いるということではありません。たとえ苦手な相手であろうと、その人を理解する努力をし、率先して問題解決のできる人でありたいと思いませんか、ということです。

少しでも他人にイラッとしたとき、「もしかして、自分こそが困った人なのでは？」「私は今、自分勝手な正義を振りかざしてはいないだろうか？」と、立ち止まって我が身を顧みる謙虚さを持っていたいものだと思います。

私たち一人ひとりが、そういう心で相手と向き合えば、社会は今よりずっと優しく、誰にとっても温かい世界になっているはずです。

神田 裕子

参考文献

『アサーション・トレーニング　さわやかな〈自己表現〉のために』（平木典子、金子書房）
『大人の発達障害　仕事・生活の困ったによりそう本』（太田晴久〈監修〉、西東社）
『会社の中の発達障害』（星野仁彦、集英社）
『聞く技術 聞いてもらう技術』（東畑開人、筑摩書房）
『自分でできるスキーマ療法ワークブック Ｂｏｏｋ１』（伊藤絵美、星和書店）
『自分でできるスキーマ療法ワークブック Ｂｏｏｋ２』（伊藤絵美、星和書店）
『新・あるカウンセラーのノート』（古今堂雪雄、関西カウンセリングセンター）
『裁判事例で学ぶ対人援助職が知っておきたい法律』（鳥飼康二、誠信書房）
『働く人のための感情資本論』（山田陽子、青土社）

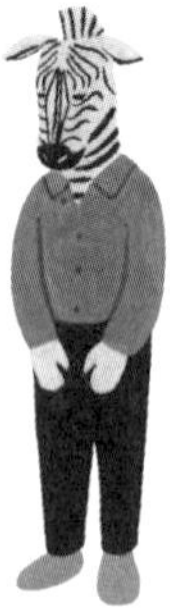

取扱
説明

職場《しょくば》の「困《こま》った人《ひと》」をうまく動《うご》かす心理術《しんりじゅつ》

著　者——神田裕子（かんだ・ゆうこ）
発行者——押鐘太陽
発行所——株式会社三笠書房
〒102-0072 東京都千代田区飯田橋3-3-1
https://www.mikasashobo.co.jp
印　刷——誠宏印刷
製　本——若林製本工場

ISBN978-4-8379-4015-9 C0030

本書へのご意見やご感想、お問い合わせは、QRコード、
または下記URLより弊社公式ウェブサイトまでお寄せください。
https://www.mikasashobo.co.jp/c/inquiry/index.html